보다 깊게 / 보다 정확히 / 자신의 생각을

Yes논술

리딩북 1B part6

소가 된 게으름뱅이

리딩북 1B part3

작은 연못

Yes논술

보다 깊게 / 보다 정확히 / 자신의 생각을

자르는 선

작은 연못

맑고 투명했던 연못에
예쁜 붕어 두 마리가 살았대.
연못에는 어떤 일이 일어났을까?
궁금하지?
이 책에는 두 마리 붕어의 사이가
나빠진 이유와 그 결과가 쓰여 있어.
작은 연못 이야기를 읽어 보자.

천재교육

소가 된 게으름뱅이

옛날에 게으름뱅이가 살았대.
그런데 이 게으름뱅이가 소머리 탈을 쓴 뒤
진짜 소가 되었지 뭐야.
그 다음 어떤 일이 일어났는지 궁금하지?
이 책에는 게으름뱅이가 소가 되어
깨닫게 된 것이 무엇인지 담겨 있어.
이 책을 읽으면서 성실함의 중요성을
한번 생각해 보자.

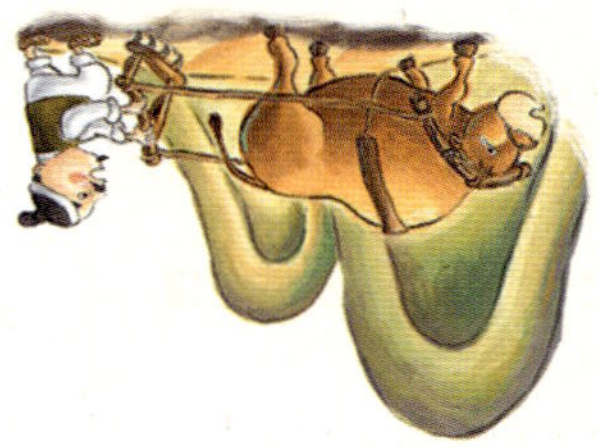

천재교육
이 책은 저작권법에 보호받는 저작물이므로 무단 복제,
전송은 법으로 금지되어 있습니다. 잘못된 책은 구입처에서 교환해 드립니다.

yes 논술

소가 된
게으름뱅이

1B
part 6

1B
part 3

작은 연못

yes 논술

깊고 깊은 산 속 오솔길* 옆에 투명*할 정도로 맑고 깨끗한 작은 연못이 있었습니다.

주위의 나무들은 이 맑은 연못에 자기의 얼굴을 비춰 보았어요. 파란 하늘도, 아기 별도, 달님도 모두 연못에 얼굴을 비춰 보는 것을 좋아했어요.

이 작은 연못의 주인은 예쁘고 깜찍한 붕어 두 마리였습니다. 한 마리는 하얀색, 또 한 마리는 노란색을 가지고 있어서 모두 붕어들을 '하양이'와 '노랑이'라고 불렀습니다.

✽ 오솔길 : 폭이 좁은 고요하고 쓸쓸한 느낌의 길.
✽ 투명 : 흐린 데가 없이 속까지 환히 비쳐 보임.

옛날 어느 마을에 날마다 빈둥거리는* 게으름뱅이가 살았습니다. 이 사람은 먹고 잠자는 일을 빼고는 하는 일이 없었습니다. 어찌나 게으른지 친구들과 노는 것은 물론 밥 먹는 것도 귀찮아했지요.

"그렇게 게으름만 부리면 다음에는 소로 태어난다."

어머니가 걱정스럽게 타일렀지만 게으름뱅이는 들은 척도 하지 않았습니다.

어느 날, 게으름뱅이의 어머니가 몹시 아파 게으름뱅이에게 약을 좀 달여 오라고 심부름을 시켰습니다. 그러나 게으름뱅이는 투덜대면서 계속 누워만 있었습니다.

"이 녀석아, 도대체 너는 나중에 뭐가 되려고 그러니?"

"응?"

화가 난 어머니가 소리쳤습니다.

✽ 빈둥거리다 : 하는 일이 없이 게으름만 부리다.

노랑이와 하양이는 맑은 물속을 살랑살랑 헤엄치며 사이좋게 살았습니다. 얼마나 사이가 좋았는지 연못 주위에 사는 친구들이 시샘*을 할 정도였습니다.

그러던 어느 여름날이었습니다. 보기에도 먹음직스러운* 먹이*가 연못 속으로 떨어졌습니다.

"우아, 이게 뭐야?"

"그러게. 참 맛있어 보인다."

"자, 어서 먹어 봐."

"아냐, 네가 먼저 먹어 봐."

그 때까지만 해도 두 붕어는 이 먹이 때문에 앞으로 어떤 일이 생길지 상상하지 못했어요. 그저 먹이를 맛있게 나누어 먹었지요.

✽ 시샘 : 자기보다 잘 되거나 나은 이를 공연히 미워하고 싫어함.
✽ 먹음직스러운 : 맛있어 보이는.
✽ 먹이 : 먹을거리.

"아이, 시끄러워. 잠을 잘 수가 없네."

어머니의 잔소리가 듣기 싫었던 게으름뱅이는 문을 박차고* 나가 버렸습니다.

뒷산을 향해 느릿느릿 걷던 게으름뱅이는 길 옆에 누워 한가롭게 잠을 자고 있는 소의 모습을 보게 되었습니다.

✽ 박차다 : 발로 세게 차다.

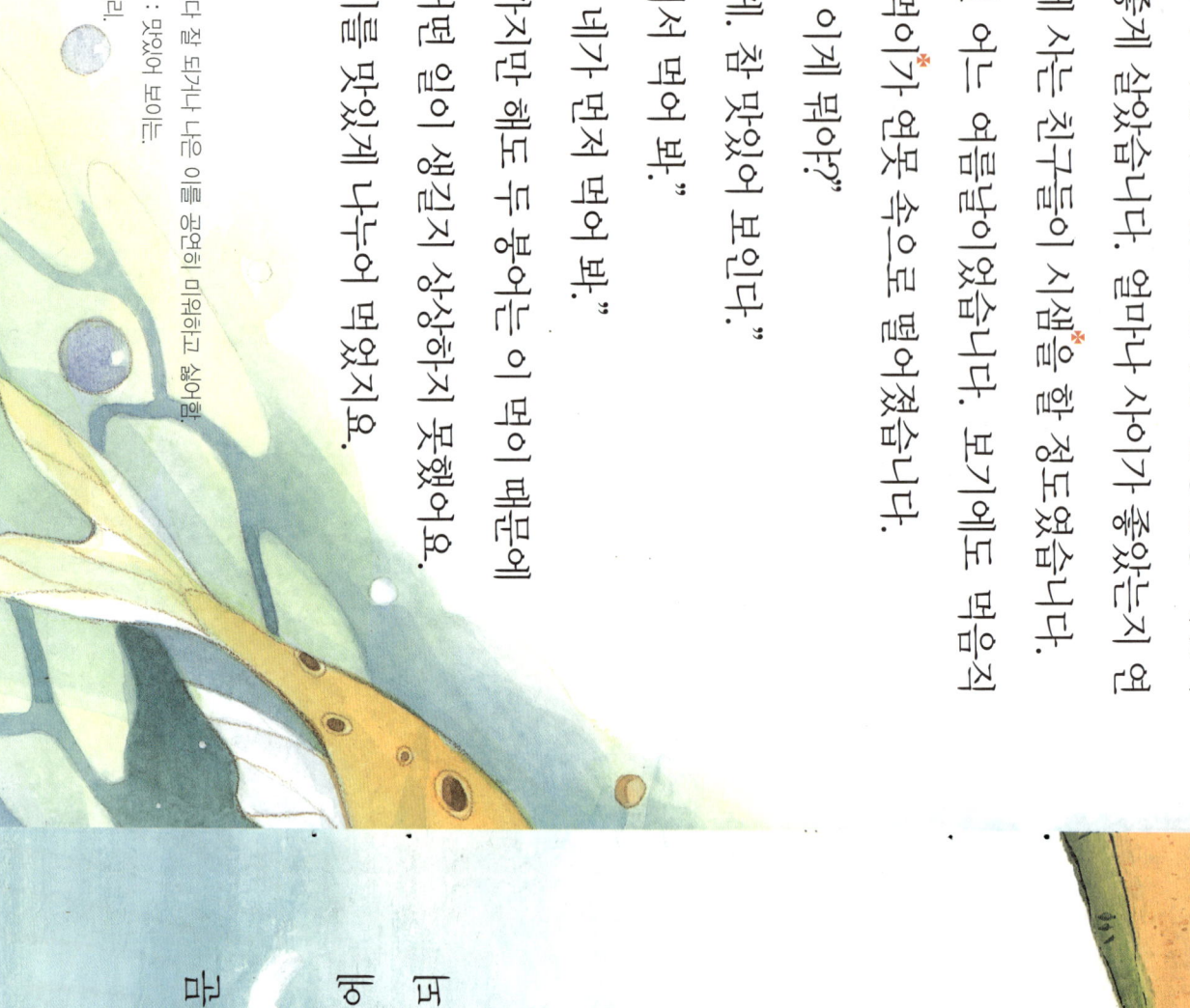

'저 소처럼 한가하게 지내면 얼마나 좋을까?'

게으름뱅이는 소를 보며 부러워했습니다.

다음 날도, 그 다음 날도 먹이가 계속 내려왔습니다. 두 마리 붕어는 힘들이지 않고 맛있는 먹이를 먹을 수 있었어요. 하지만 배가 부를 만큼 양이 많지는 않았기 때문에 늘 아쉬움*이 남았습니다.

✽ 아쉬움 : 약간 부족한 느낌.

계속 걷던 게으름뱅이가 뒷산 중턱 고개에 다다랐을 때 낡은 초가집을 발견했습니다. 그곳에서는 한 노인이 무엇인가를 열심히 만들고 있었습니다.

그리고 어느 날부터인가
하양이와 노랑이는
서로 다른 생각을 하기 시작했습니다.
'노랑이와 나누지 않고,
나 혼자 먹으면 배부를 텐데……'
'하양이는 항상 나보다 더 먹으니까
배가 안 고플거야.'

"어르신, 무엇을 그리 열심히 만들고 계십니까?"

"이건 소머리 탈*이라네. 일하기 싫을 때 이 탈을 쓰면 소처럼 한가롭게 풀이나 뜯으면서 편하게 지낼 수 있지."

노인의 말에 게으름뱅이의 귀가 솔깃해졌습니다*.

"어르신, 그 탈을 제가 써 봐도 되겠습니까?"

"그럴 텐가? 그럼 써 보게."

게으름뱅이는 노인이 내미는 탈을 냉큼 받아 얼굴에 썼습니다. 그런데 이게 웬 날벼락*입니까? 소머리 탈이 얼굴에 딱 달라붙어서 떨어지지 않는 것입니다.

깜짝 놀란 게으름뱅이가 소리를 질렀지만, 이미 때는 늦었습니다. 게으름뱅이의 몸이 소로 변하자 말을 할 수 없게 되었기 때문이지요.

✽ 소머리 탈 : 소의 머리 모양을 본떠 얼굴에 쓸 수 있도록 만든 물건.
✽ 솔깃하다 : 그럴듯하여 마음이 쏠리다.
✽ 날벼락 : 느닷없이 당하는 일.

서로의 이런 생각을 눈치*채기라도 한 것일까요? 하양이와 노랑이는 점점 서로를 헐뜯기 시작했습니다.

"야, 노랑아. 좀 얌전히 헤엄칠 수 없어? 물결*이 자꾸 일어서 내가 조용히 있을 수가 없잖아."

"하양이 너야말로 얌전히 다녀! 나도 쉴 수가 없다고! 그리고 넌 너무 뚱뚱해. 나 몰래 먹이를 숨겨 놓고 혼자서만 먹는 거 아니야?"

마침내 두 붕어는 연못을 독차지*하기 위한 싸움을 시작했습니다.

✽ 눈치 : 남의 마음이나 일의 낌새를 알아챌 수 있는 힘.
✽ 물결 : 수면에 높낮이가 생겨 움직이는 결.
✽ 독차지 : 혼자서 다 차지함.

노인은 소로 변한 게으름뱅이를 시장으로 데려갔습니다. 소를 사러 나왔던 한 농부가 소가 된 게으름뱅이를 보고 사겠다고 했습니다.

"이 녀석은 채찍만 휘두르면 일을 잘 할거요. 대신 주의할 점이 하나 있소. 이 소는 무를 먹으면 죽으니 조심하시오."

농부는 참 이상한 소도 다 있다고 생각하면서 게으름뱅이를 끌고 집으로 돌아왔습니다.

"난 사람이에요. 소가 아니라고요!"

게으름뱅이가 계속 소리쳤지만, 농부의 귀에는 '음매~ 음매~' 하는 소 울음소리로밖에 들리지 않았습니다.

두 마리는 며칠 동안이나 엎치락뒤치락하며 싸웠습니다. 그리고 잠시 싸움을 멈췄을 때, 노랑이보다 몸집이 작았던 하양이는 뜯긴 살점 사이로 피가 흘러내리고 있었습니다.

농부에게 끌려온 게으름뱅이는 그날부터 쉴 없이 일을 해야 했습니다. 한가하게 쉬면서 풀을 뜯는 생활은 상상도 할 수 없었습니다. 너무 힘들어서 잠깐이라도 쉬려고 하면 농부는 화를 내면서 채찍을 휘둘렀습니다. 게으름뱅이는 채찍질을 당할 때마다 눈물을 뚝뚝 흘렸습니다.

서로를 노려보며 숨을 고르던 두 붕어가 다시 엉겨붙으려고 할 때였습니다. 하양이의 몸이 점점 연못 위로 떠오르더니 더 이상 움직이지 않았습니다. 결국 하양이가 죽고 만 것입니다.

"흥, 힘도 없으면서 누굴 이기려고? 이제 혼자 지낼 수 있으니까 너무 좋다."

'소가 이렇게 힘들게 일할 줄은 몰랐어. 내가 게으름만 피워서 벌을 받는구나. 집으로 돌아가 어머니를 다시 볼 수 있다면 부지런한 사람이 될 텐데……'

게으름뱅이는 하루에도 몇 번씩 후회*를 했습니다.

✽ 후회 : 이전의 잘못을 뉘우침.

매일매일 힘들게 일하던 게으름뱅이는 견딜 수 없었습니다.

"더 이상 이렇게는 살 수가 없어. 차라리 죽는 게 낫지."

게으름뱅이는 노인이 한 말을 떠올리고는 무를 먹기로 결심했습니다.

다음 날, 밭을 갈던 게으름뱅이는 농부가 잠시 한눈을 판 사이 옆의 무밭으로 달려갔습니다.

"아니, 저 소가 미쳤나? 이놈아! 어딜 가는 게야?"

뒤늦게 게으름뱅이를 뒤쫓아 오면서 농부가 소리쳤지만, 게으름뱅이를 막을 수는 없었습니다.

"어머니, 부디 오래오래 사세요."

게으름뱅이는 이렇게 외치면서 무를 우드득 베어 물었습니다.

작은 연못이 노랑이의 차지가 되고 십여 일이 지났습니다. 처음 며칠 동안 노랑이는 맛있는 먹이를 혼자 독차지할 수 있어서 기뻤습니다. 하지만 점점 입맛*이 없어지고, 기운이 빠지기 시작했습니다. 그리고 노랑이처럼 작은 연못에도 조금씩 변화가 생기기 시작했습니다.

"윽, 고약한* 냄새. 어디서 이런 냄새가 나는 거야. 왜 이러지? 점점 숨쉬기가 힘드네, 헉헉."

죽은 하양이의 몸이 푹푹 찌는 더운 날씨 때문에 점점 썩어 갔고, 이와 함께 작은 연못의 물도 썩어 가기 시작했던 것입니다.

✽ 입맛 : 입으로 느끼는 음식의 자극이나 맛.

✽ 고약한 : 맛, 냄새, 소리, 모양 등이 좋지 않음.

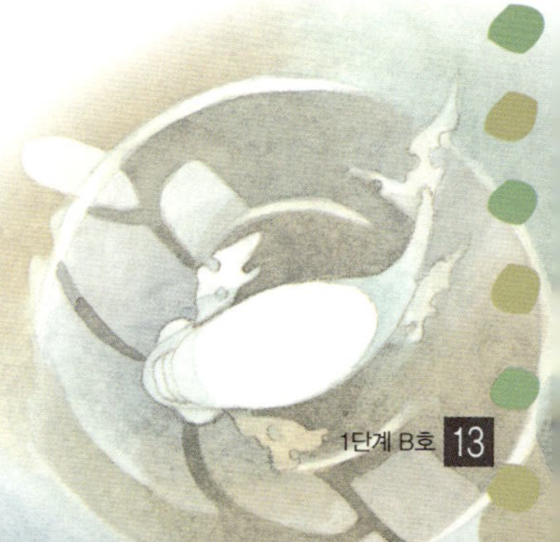

며칠이 지나자 맑고 투명했던 작은 연못의 물은 잿빛*을 띠기 시작했습니다. 연못이 더럽게 변해 갈수록 노랑이는 숨을 쉬기가 어려워졌습니다. 그리고 며칠 후 마침내 노랑이도 죽고 말았습니다.

✤ 잿빛 : 어떤 물건이 완전히 탔을 때 남는 가루와 같은 빛깔, 회색.

✤ 사정 : 일이 그렇게 된 이유.

✤ 어안이 벙벙하다 : 말을 못할 정도로 놀랍다.

그런데 이게 웬일입니까? 무를 먹자, 게으름뱅이가 다시 사람의 모습으로 돌아온 것입니다. 그 모습을 본 농부는 어안이 벙벙했습니다.* 게으름뱅이는 그 동안의 사정*을 농부에게 설명한 다음, 집을 향해 힘껏 뛰기 시작했습니다.

"어머니! 어머니! 제가 왔어요."

한걸음에 집으로 돌아온 게으름뱅이는 더 이상 예전의 게으름뱅이가 아니었습니다. 아침부터 저녁까지 누가 시키지 않아도 부지런히 일했습니다. 또 어머니도 정성스럽게 모셨습니다.

그 뒤로는 아무도 그를 게으름뱅이라고 부르지 않았답니다.

이제 작은 연못에는 하늘도, 바람도, 별도, 달도 놀러 오지 않았습니다.

오직 바람에 의해서 아주 먼 옛날 맑고 깨끗했던 연못에 예쁜 붕어 두 마리가 살았다고만 전해질 따름입니다.

읽기 자료 연못에는 붕어만 사나요?

▼ 물방개 ▲ 소금쟁이 ▼개구리밥, 연꽃

〈작은 연못〉 이야기처럼 연못에는 붕어만 살고 있을까요?

그렇지 않아요. 연못에는 붕어 이외에도 많은 생물들이 모여 살고 있어요. 연못은 물이 흐르지 않고 고여 있기 때문에 작은 생물들이 살기에 적합한* 환경이지요. 연못에 살고 있는 생물로는 물벼룩, 소금쟁이, 물장군, 미꾸라지, 자라, 물옥잠, 개구리밥, 연꽃 등이 있어요.

이런 많은 동식물이 깨끗한 물에서 살 수 있도록 연못 주변의 환경을 보호해야 해요.

✽ 적합한 : 알맞은, 좋은.

읽기 자료 또다른 게으름뱅이 이야기

옛날 어떤 게으름뱅이가 길을 걷고 있었어요. 배가 고픈 게으름뱅이는 봇짐* 안에 있는 떡을 꺼내 먹는 것이 귀찮았습니다. 그래서 '가다가 누군가를 만나면 떡을 꺼내 달라고 해서 같이 먹어야겠다.' 라고 생각했습니다.

마침 반대편에서 어떤 사람이 입을 떡 벌리고 걷는 모습을 발견하고 말을 걸었습니다.

"떡을 먹고 싶은데 봇짐을 풀기 귀찮으니 당신이 좀 풀어 주겠소? 함께 나눠 먹읍시다."

그러자 입을 벌리고 걷던 사람이 이렇게 말했대요.

"이보시오, 느슨해진 갓*끈을 고쳐 묶기 싫어 이렇게 입을 벌리고 다니는 사람에게 그 무슨 소리요?"

배가 고픈 게으름뱅이는 자기만큼이나 게으른 사람을 만나 결국 떡을 먹을 수 없었답니다.

✽ 봇짐 : 물건을 보자기에 싼 짐.
✽ 갓 : 어른이 된 남자가 머리에 쓰던 모자의 한 가지.

독서능력평가

yes 논술

독서능력평가

작품명 : 〈작은 연못〉, 〈소가 된 게으름뱅이〉

독서 능력 평가 문제

* **평가 목적** : 독서논술에 대한 흥미와 자신감 부여
* **평가 항목** : 어휘력, 이해력, 논리력, 창의력
* **평가 시기** : 각 권의 학습이 끝난 후, 학원에서 일괄 실시
* **평가 결과** : 독서능력평가 분석표로 제공

독서능력평가

이해력
1 작은 연못의 주인은 누구인가요? ·························( )

① 달과 별 ② 하늘과 구름
③ 하양이와 노랑이 ④ 바람과 나

논리력
2 하양이와 노랑이의 사이가 나빠지기 시작한 이유는 무엇인가요? ·····························( )

① 연못이 너무 좁았기 때문에
② 양이 적은 먹이를 나눠 먹기 싫었기 때문에
③ 하양이가 너무 뚱뚱했기 때문에
④ 조용히 지내고 싶었기 때문에

어휘력
3 빈칸에 들어갈 '약간 부족한 느낌'을 가리키는 낱말은 무엇인가요? ·····························( )

양이 많지는 않았기 때문에 늘 ( )이 남았습니다.

① 생각 ② 시샘 ③ 고민 ④ 아쉬움

어휘력
4 밑줄 친 낱말의 뜻은 무엇인가요? ·························( )

"윽, 고약한 냄새."

① 맛, 냄새, 소리, 모양 등이 좋지 않음.
② 입으로 느끼는 음식의 자극이나 맛.
③ 먹을거리.
④ 폭이 좁은 고요하고 쓸쓸한 느낌의 길.

이해력
5 노랑이와 싸우던 하양이는 결국 어떻게 되었나요? ·······( )

① 죽고 말았어요.
② 다른 연못으로 이사를 갔어요.
③ 노랑이를 혼내 주고 먹이를 독차지했어요.
④ 노랑이와 화해를 했어요.

논리력
6 혼자 남은 노랑이가 점점 숨쉬기 힘들어진 이유는 무엇인가요? ·····························( )

① 밥이 없었기 때문에
② 운동이 부족했기 때문에
③ 물이 점점 썩어 갔기 때문에
④ 원래 물속에서는 숨쉬기가 힘들기 때문에

어휘력
7 빈칸에 들어갈 '느닷없이 당하는 일'을 가리키는 낱말은 무엇인가요? ·····························( )

이게 웬 ( )입니까?

① 후회 ② 사정 ③ 소머리 탈 ④ 날벼락

어휘력
8 주어진 설명에 알맞은 낱말은 무엇인가요? ···············( )

일이 그렇게 된 이유

① 사정 ② 붓질 ③ 솔깃하다 ④ 박차다

이해력
9 게으름뱅이가 소를 부러워한 이유는 무엇이었나요? ······( )

① 배가 불러 보여서
② 한가롭게 지내는 것처럼 보여서
③ 열심히 일하는 모습이 멋있어서
④ 소를 좋아했기 때문에

논리력
10 게으름뱅이가 소머리 탈을 쓴 이유는 무엇인가요? ·······( )

① 돈을 주고 탈을 샀기 때문에
② 탈을 쓰면 소처럼 한가하게 지낼 수 있다는 말에 솔깃해서
③ 노인이 잡아서 억지로 탈을 씌웠기 때문에
④ 소처럼 부지런하게 일할 수 있다고 해서

이해력
11 게으름뱅이는 무엇을 먹고 사람이 되었나요? ·············( )

① 당근 ② 팥 ③ 무 ④ 고추

논리력
12 소가 된 게으름뱅이가 무를 먹은 이유는 무엇인가요? ···( )

① 다시 사람이 된다는 사실을 알았기 때문에
② 죽으려고 결심했기 때문에
③ 배가 고팠기 때문에
④ 농부의 농사를 망치고 싶었기 때문에

창의력
13 내가 게으름뱅이의 엄마라면 게으름뱅이의 버릇을 고치기 위해서 어떻게 했을까요?

....

....

Yes 논술

보다 깊게 / 보다 정확히 / 자신의 생각을

1B

이 책의 구성과 특징

본책

테마토론논술 각 학년별 교과와 연계한 주제 선정 및 영역별 구성 : 주제 인식 → 비판적 사고 → 토론(생각 나누기) → 논술

▲생각열기 : 본격적인 논술을 하기 앞서, 각 차시의 주제에 대한 문제점을 인식하는 도입 코너

▲생각쑥쑥 : 비판적으로 사고하기, 자신의 주장 내세우기, 논리적 근거 제시하기 등의 심화 활동을 하는 코너

독서토론논술 교과 과정 및 선정 도서와 연계, 전래/위인/명작/고전 수록 : 읽기 → 비판적 사고 → 토론(생각 나누기) → 논술

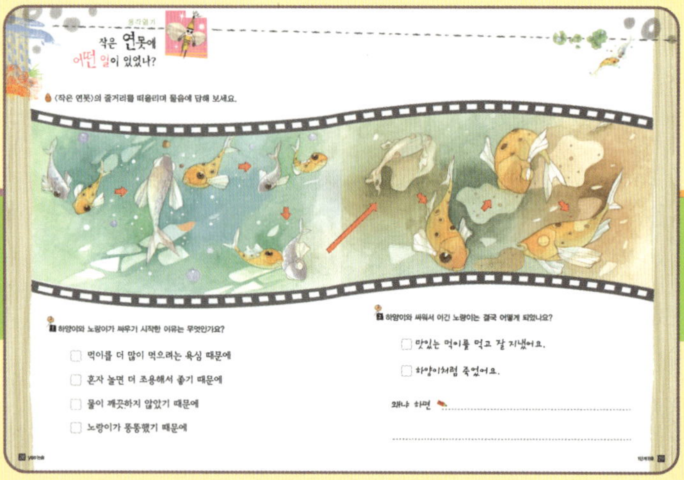

▲생각열기 : 작품의 줄거리나 사건의 흐름 파악을 통해, 본 차시에서 다루어질 주제에 대하여 도입하는 코너

▲생각쑥쑥 : 비판적으로 사고하기, 자신의 주장 내세우기, 논리적 근거 제시하기 등의 심화 활동을 하는 코너

부록

어휘/문법/글쓰기 정확한 어휘 사용 및 문장 구성과 논리적 글쓰기를 위한 워크북 : 어휘 → 문법 → 글쓰기 → 국어능력인증시험

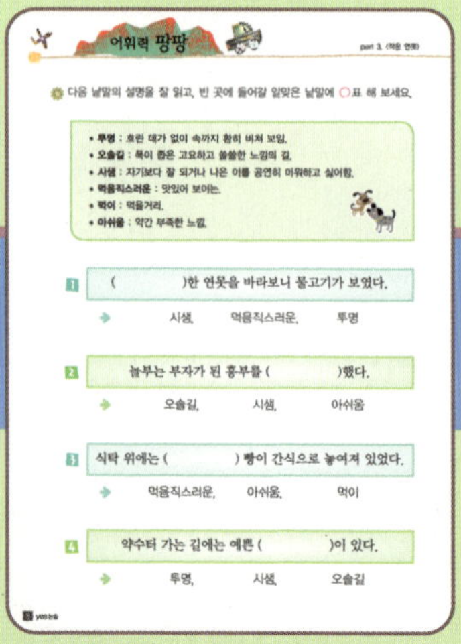

▲어휘

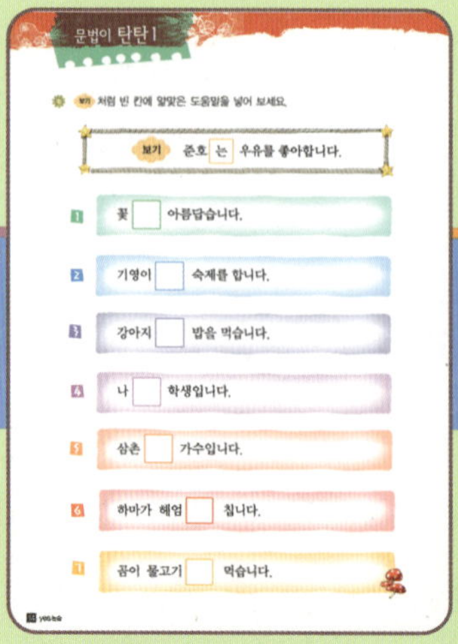

▲문법

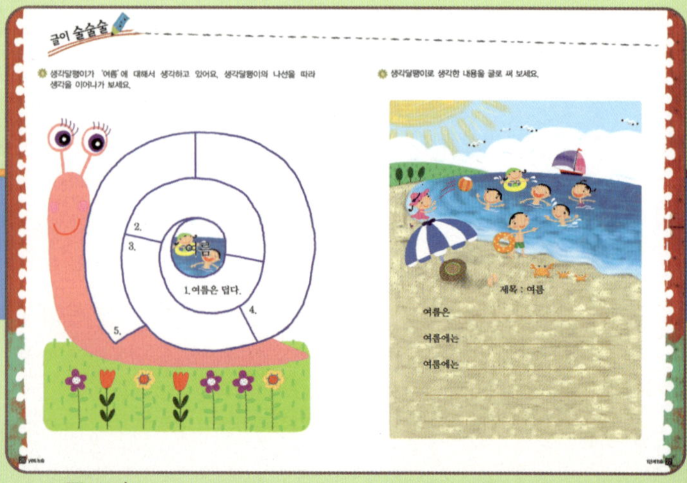

▲글쓰기

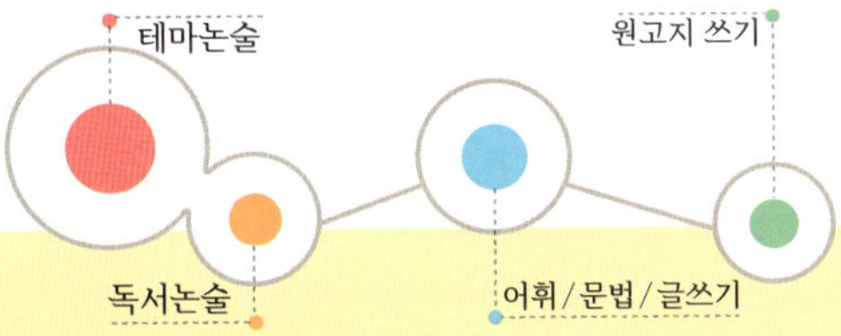

논술, 그냥 즐기세요!

▲다른생각 : 고정관념 깨기, 입장 바꾸어 생각하기, 본질적인 문제로 파고들기 등의 활동을 통해 창의적 사고를 키우는 코너

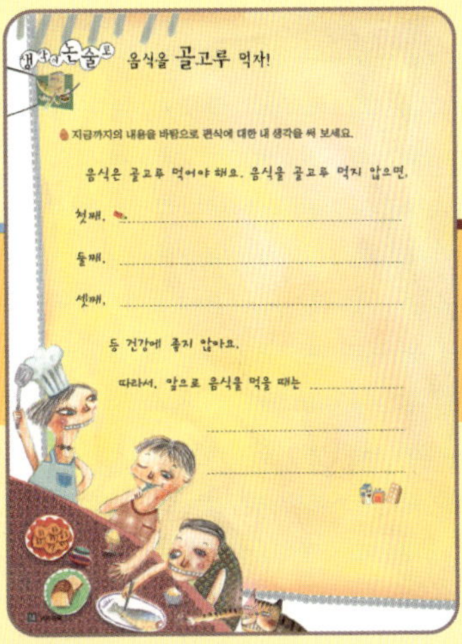

▲생각이 논술로 : 마지막으로 정리하여 글쓰기를 하는 코너

논술 완성

▲다른생각 : 고정관념 깨기, 입장 바꾸어 생각하기, 본질적인 문제로 파고들기 등의 활동을 통해 창의적 사고를 키우는 코너

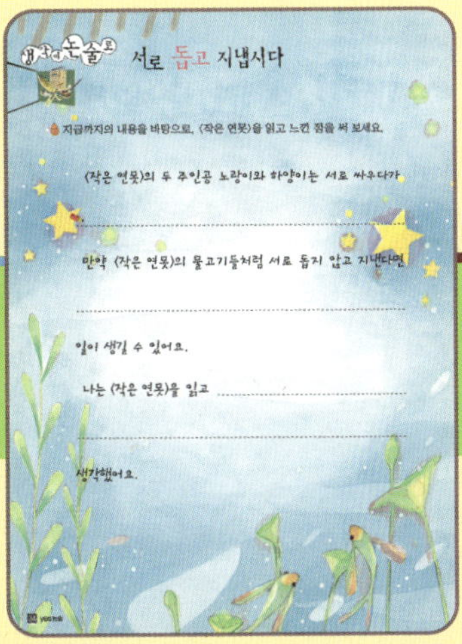

▲생각이 논술로 : 마지막으로 정리하여 글쓰기를 하는 코너

논술 완성

원고지 쓰기

원고지 사용법을 체계적으로 익히는 별책부록
: 기본 원칙 → 익히기 → 확인 → 활용 → 원고지 쓰기

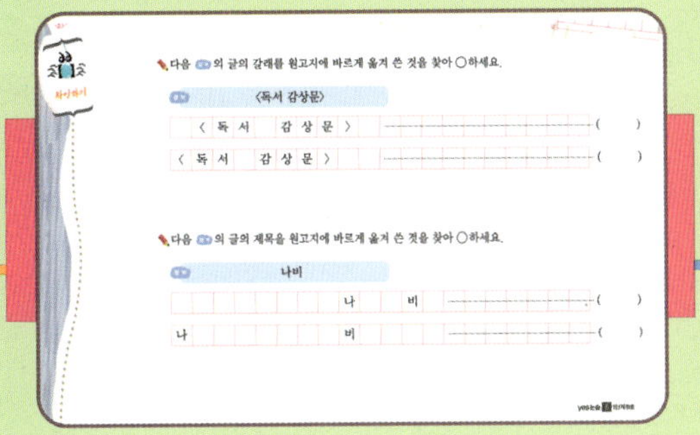

리딩북

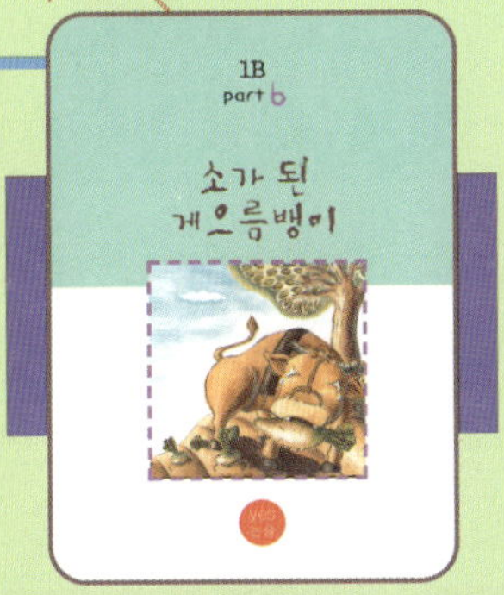

▲독서토론논술 부분인 part. 3과 part. 6의 부교재

1B contents

part 1 채소는 싫어! 5

part 2 너와 나는 달라 15

part 3 작은 연못 25

part 4 나쁜 습관은 이제 그만! 35

part 5 쓰레기를 분류 배출해야 해? 45

part 6 소가 된 게으름뱅이 55

yes 논술

1B
part

채소는 싫어!

학습 목표

음식을 골고루 먹어야 하는 이유를 생각해 보고,
편식에 대한 내 생각을 써 봅니다.

생각열기 이 반찬은 안 먹어!

생각쑥쑥 편식은 나빠요

다른생각 골고루 먹고 있잖아!

생각이 논술로 음식을 골고루 먹자!

영역 ▸ 환경과 생명 **주제** ▸ 편식 **논술요소** ▸ 문제 인식, 사실적 사고, 주장 내세우기

1B

앨리스와
떠나는

part 1

신 나는 논술 여행

✽ 베이징 : 중국의 수도.

✽ 만리장성 : 중국에 있는 세계에서 가장 긴 성벽.

✽ 자금성 : 옛날 중국의 황제가 살던 성.

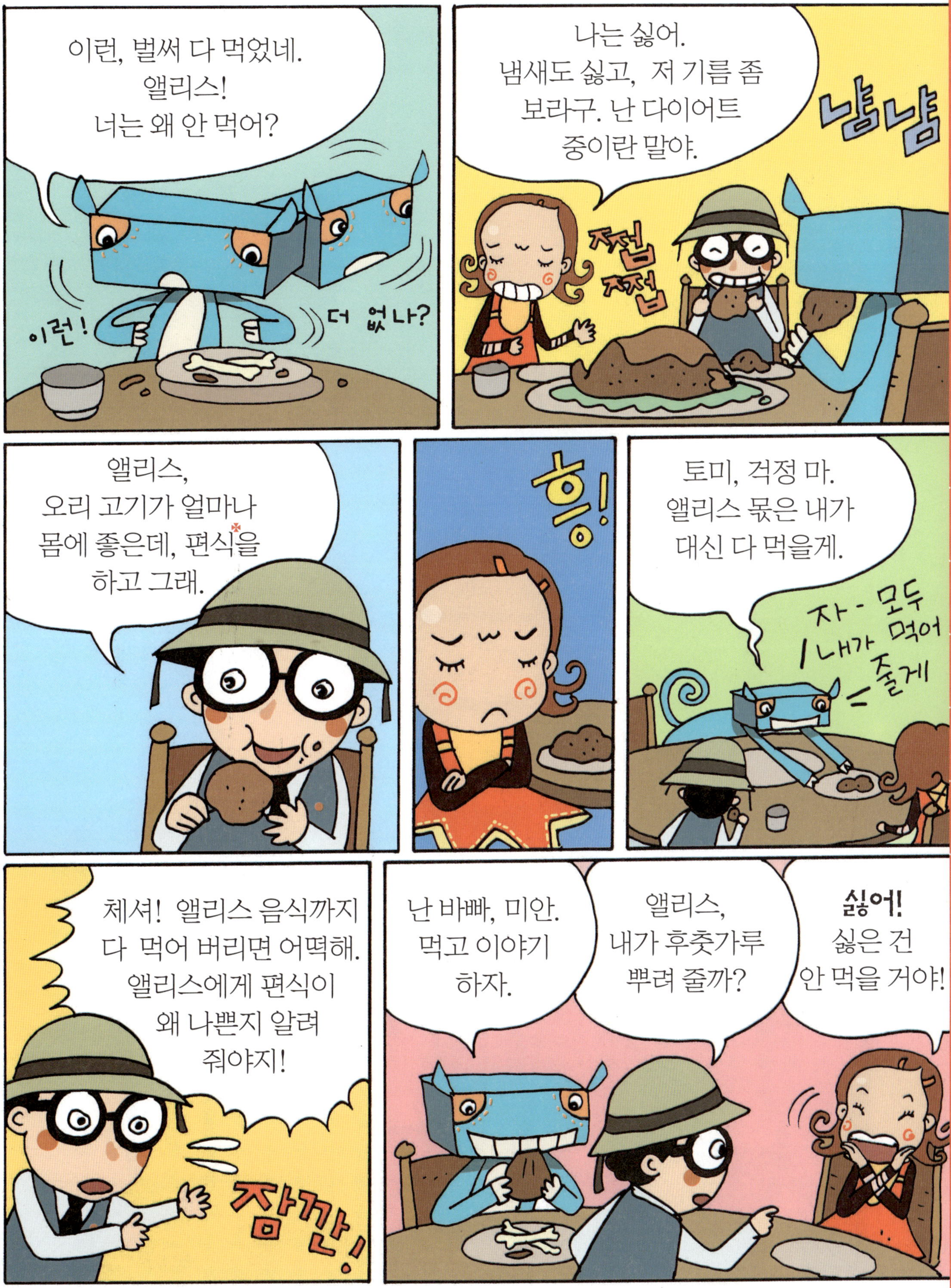

✤ 편식 : 음식을 골고루 먹지 않음.

편식은 나빠!

이 반찬은 안 먹어!

그림을 보고 물음에 답해 보세요.

1 성희와 민주의 공통점은 무엇인가요?

____

2 나도 성희나 민주처럼 특별히 싫어하는 음식이 있나요?

왜냐하면, ____

____

____

생각쑥쑥

편식은 나빠요

그림을 보고 물음에 답해 보세요.

우리를 안 먹으면 눈이 나빠지기 쉬워.
우리를 먹지 않으면 이나 뼈가 약해지고, 키도 크지 않을 거야.
우리를 먹지 않으면 빈혈*이 생겨.
우리를 안 먹으면 변비*에 걸리게 될 거야. 하하하!

✽ **빈혈** : 피가 부족한 상태.

✽ **변비** : 대변이 쉽게 나오지 않는 증세.

1 냉장고 속 음식들이 어떤 말을 했나요?

- ☐ 음식을 골고루 먹는 것은 건강에 나빠요.
- ☐ 한 가지 음식만 많이 먹으면 괜찮아요.
- ☐ 다양한 음식을 골고루 먹어야 건강해져요.

2 각각의 음식을 먹지 않았을 때 나쁜 점을 써 보세요.

1. 우유를 안 먹으면, ______________________________
2. 생선을 안 먹으면, ______________________________
3. 당근을 안 먹으면, ______________________________
4. 채소를 안 먹으면, ______________________________

골고루 먹고 있잖아!

그림을 보고 물음에 답해 보세요.

토론 한판

1 언니의 말처럼 골고루 먹기만 하면 많이 먹어도 괜찮을까요?

☐ 네, 많이 먹어도 괜찮아요.

☐ 아니요, 규칙적으로 적당히 먹는 것이 좋아요.

왜냐하면 ______________________________

____

생각이 논술로

음식을 골고루 먹자!

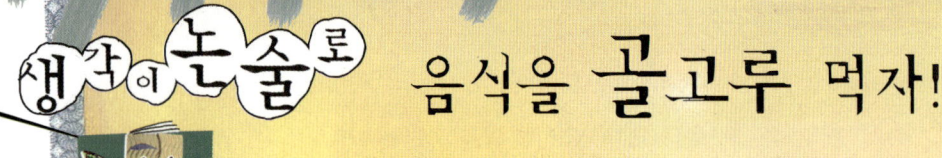

지금까지의 내용을 바탕으로 편식에 대한 내 생각을 써 보세요.

음식은 골고루 먹어야 해요. 음식을 골고루 먹지 않으면,

첫째, ______________________________

둘째, ______________________________

셋째, ______________________________

등 건강에 좋지 않아요.

따라서, 앞으로 음식을 먹을 때는 ______________________________

____

____

1B
part
2

너와 나는 달라

학습 목표

서로의 차이점에 대해 이해하고 배려하는 마음을 가지며,
차이에 대한 나의 생각을 글로 써 봅니다.

생각열기 서로 달라요
생각쑥쑥 서로 다를 때 어떻게 할까?
다른생각 다른 점을 인정해요
생각이 논술로 차이를 인정하자

영역 ▸ 삶의 가치와 윤리 **주제** ▸ 다양성의 인정 **논술요소** ▸ 문제 인식, 비판적 사고, 주장 내세우기

1B

앨리스와
떠나는

part

2

신나는 논술 여행

서로의 차이를 인정합시다.

생각을 열어 봐

서로 달라요

그림을 보고 물음에 답해 보세요.

1 두 친구의 취미는 무엇인가요?

 ------------------------

 ------------------------

2 두 친구의 취미가 다른 이유는 무엇인가요?

- ☐ 서로 좋아하는 것이 다르기 때문에
- ☐ 선생님이 정해 준 취미를 가지고 있기 때문에
- ☐ 취미가 같은 것이 싫기 때문에

그림을 보고 물음에 답해 보세요.

1 두 어린이는 각각 어떤 방법으로 음식을 먹나요?

토론 한판

2 손으로 밥을 먹는 친구에 대해 어떻게 생각하나요?

☐ 더럽고 이상하다.　　☐ 그럴 수도 있다.

왜냐하면, ________________

____

서로 다를 때 어떻게 할까?

그림을 보고 물음에 답해 보세요.

1 미미와 친구들은 어떤 차이가 있나요?

---

2 미미를 대하는 친구들의 태도는 어떤가요?

- ☐ 함께 놀아야겠다고 생각하고 있어요.
- ☐ 서로 다른 점을 이상하게 생각하고 싫어해요.
- ☐ 새 친구가 생겨서 즐거워하고 있어요.

3 나와 다른 점이 있는 친구가 전학을 온다면 나는 어떻게 행동해야 할까요?

다른 점을 인정해요

그림을 보고 물음에 답해 보세요.

선생님이 어렸을 때

요즘은

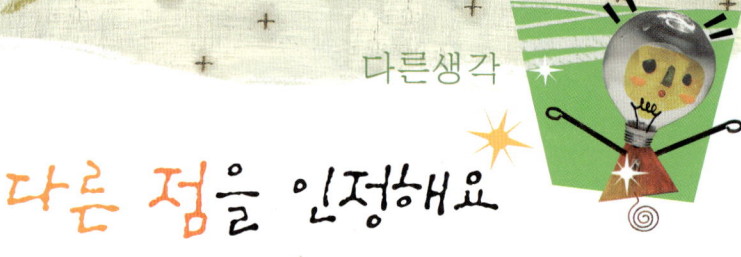

1 선생님이 어렸을 때 왼손으로 밥을 먹으면 다른 사람들이 어떻게 생각했나요?

- ☐ 나와 다를 수도 있다고 생각했어요.
- ☐ 똑같이 왼손으로 먹어야겠다고 생각했어요.
- ☐ 왼손을 쓰면 안 된다고 생각했어요.

2 요즘은 옛날과 비교해서 어떻게 변했을까요?

토론 한판

3 내 주변에 나와 다른 점을 가진 친구가 있다면 나는 어떻게 할 건가요?

- ☐ 나와 똑같이 하라고 말할 거예요.
- ☐ 다른 점이 무엇인지 알아보고 인정할 거예요.

왜냐하면, ---

생각이 논술로

차이를 인정하자

지금까지의 내용을 바탕으로, 나와 차이점을 가진 사람을 만나면 어떻게 해야 할지 내 생각을 써 보세요.

우리는 서로 여러 가지 차이점을 가지고 있어요.

예를 들면 --

만약 나와 다른 사람을 만나면 무조건 이상한 사람이라고 생각하는 게 아니라 --

yes 논술

1B part 3

작은 연못

학습 목표

〈작은 연못〉을 읽고, 서로 돕고 어울려 사는 것의 중요성을 생각해 보고, 이에 대한 자신의 생각을 글로 써 봅니다.

생각열기	작은 연못에 어떤 일이 있었나?
생각쑥쑥	서로 도우며 살아야 행복해요
다른생각	서로 도우며 사는 법
생각이 논술로	서로 돕고 지냅시다

영역 ▶ 개인과 공동체 **주제** ▶ 공동체 의식 **논술요소** ▶ 사실적 사고, 문제 분석력, 정확한 표현

1B

앨리스와 떠나는

part

3

신 나는 논술 여행

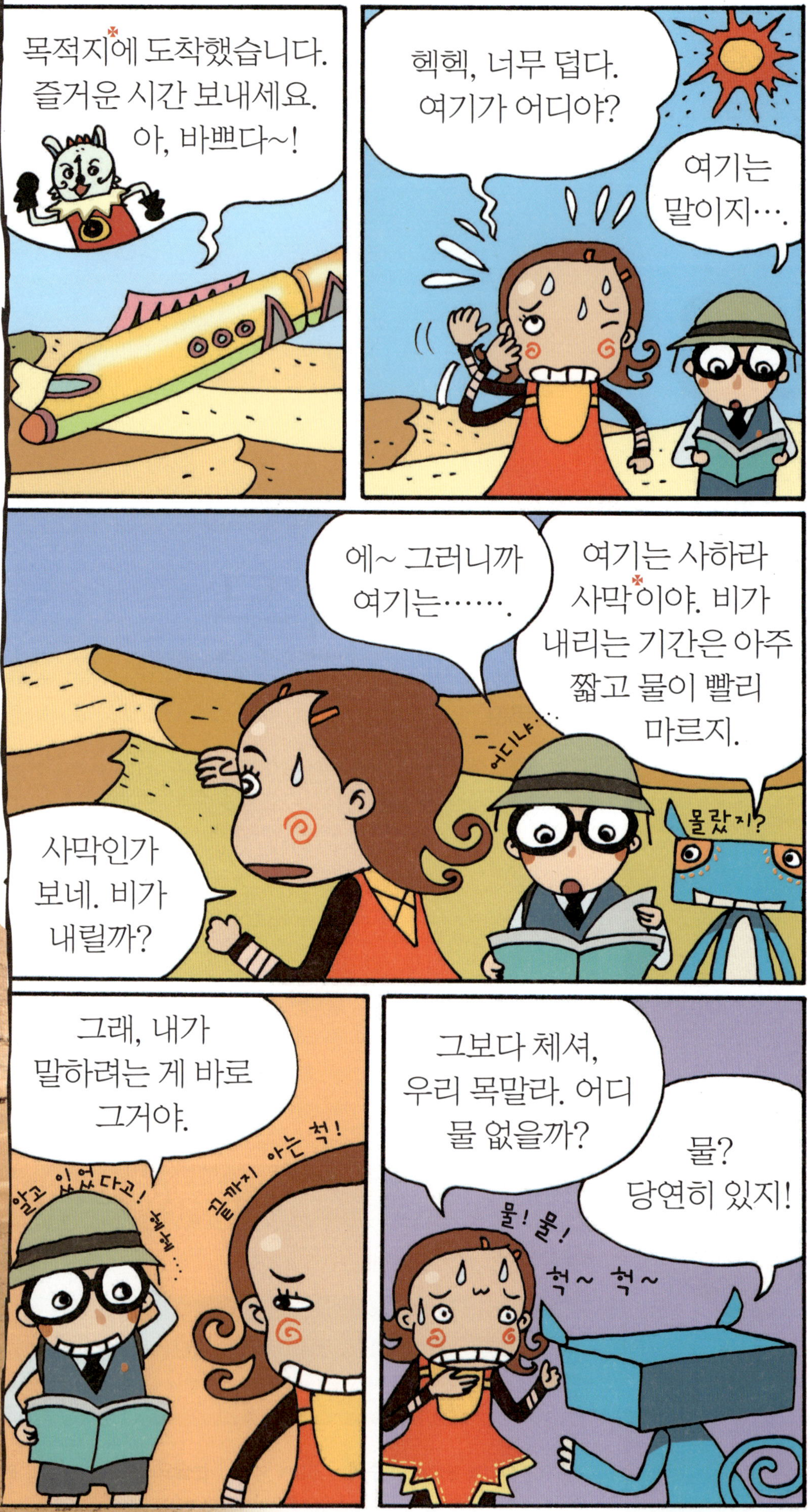

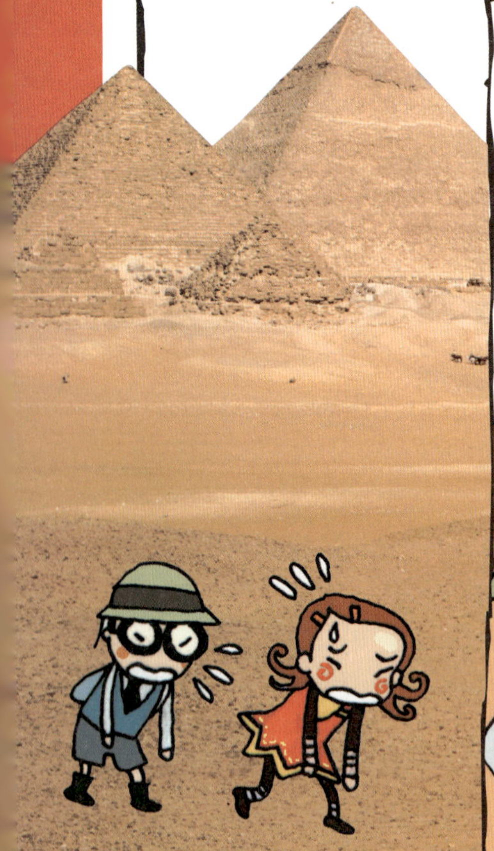

✽ 목적지 : 가기로 정한 곳.

✽ 사하라 사막 : 아프리카에 있는 가장 큰 사막.

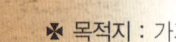

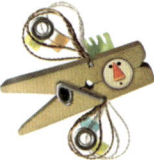

서로 도우며 지내자.

생각을 열어 봐

생각열기

작은 연못에 어떤 일이 있었나?

〈작은 연못〉의 줄거리를 떠올리며 물음에 답해 보세요.

1 하양이와 노랑이가 싸우기 시작한 이유는 무엇인가요?

☐ 먹이를 더 많이 먹으려는 욕심 때문에

☐ 혼자 놀면 더 조용해서 좋기 때문에

☐ 물이 깨끗하지 않았기 때문에

☐ 노랑이가 뚱뚱했기 때문에

2 하양이와 싸워서 이긴 노랑이는 결국 어떻게 되었나요?

☐ 맛있는 먹이를 먹고 잘 지냈어요.

☐ 하양이처럼 죽었어요.

왜냐하면, ______________________________

____

생각쑥쑥

서로 도우며 살아야 행복해요

붕어들의 생각을 읽어 보고 물음에 답해 보세요.

혼자 살면 좋을 거야. 왜냐하면, 맛있는 먹이를 나 혼자 배부르게 먹을 수 있잖아.
혼자 살고 싶어. 좁은 연못에서 둘이 함께 사는 것은 너무 불편해!
혼자 살면 노랑이 눈치 보지 않고 내 마음대로 행동할 수 있을 텐데…….
혼자 살면 하양이의 의견을 묻지 않고 편하게 지낼 수 있을 거야.

1 붕어들의 생각처럼 혼자 사는 것이 좋을까요? 혼자 살 때 나쁜 점이 있다는 것을 붕어들에게 알려 주세요.

혼자 살면 나쁜 점도 있어.

함께 놀 사람이 없어서 심심해.

또, ________________

____

____

2 서로 도우며 살면 좋은 점이 무엇인가요?

서로 도우면서 살면 이런 점이 좋아요.

1. 힘든 일을 함께 하면 어렵지 않아요.

2. ________________

3. ________________

서로 도우며 사는 법

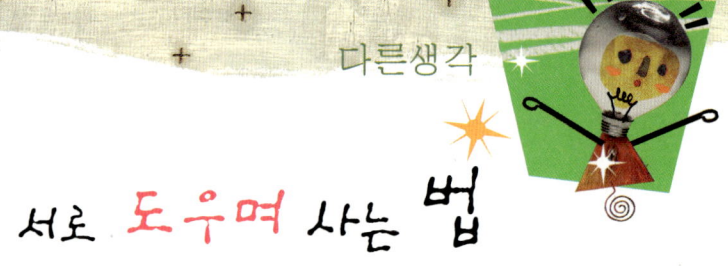

작은 연못에 새로운 친구들이 이사를 왔어요. 물고기 두 마리의 대화를 읽고 물음에 답해 보세요.

와!
우리들에게
새 집이 생겼어.
그래, 기쁘다.
그런데 이 연못의
원래 주인들은 서로 싸우다
죽었다는 무서운
소문이 있더라.

친구야,
우리는 서로 도우면서
지내자.
그래.
이번 기회에 서로
도울 수 있는 방법을
생각해 볼까?

1 물고기들이 서로 도우며 지낼 수 있는 방법을 써 보세요.

1. 먹이 사냥을 함께 하자.
2.
3.

2 위와 같은 방법으로 지내면 연못은 어떻게 변할까요?

1. ______________________________

2. ______________________________

생각이 논술로

서로 돕고 지냅시다

지금까지의 내용을 바탕으로, 〈작은 연못〉을 읽고 느낀 점을 써 보세요.

〈작은 연못〉의 두 주인공 노랑이와 하양이는 서로 싸우다가

만약 〈작은 연못〉의 물고기들처럼 서로 돕지 않고 지낸다면

일이 생길 수 있어요.

나는 〈작은 연못〉을 읽고 ---

생각했어요.

yes
논술

1B
part 4

나쁜 습관은 이제 그만!

학습 목표

나 자신에게도 좋지 않고 다른 사람에게도 피해를 줄 수 있는 나쁜 습관에 대한 내 생각을 써 봅니다.

생각열기 나에겐 이런 습관이 있어

생각쑥쑥 이런 습관은 왜 고쳐야 해?

다른생각 어떻게 고칠까?

생각이 논술로 나쁜 습관을 고쳐요

영역 ▸ 개인과 공동체 **주제** ▸ 나쁜 습관 **논술요소** ▸ 문제 인식, 비판적 사고, 주장 내세우기

앨리스와 떠나는

part 4

신 나는 논술 여행

✽ 금강산도 식후경 : 금강산 구경도 밥을 먹고 해야 한다는 말로 아무리 좋은 구경도 배가 고프면 볼 맛이 안 난다는 뜻.

✽ 군것질 : 밥 먹을 때 외에 음식을 먹는 일.

✤ 잔소리 : 듣기 싫게 늘어놓는 말.

✤ 설교 : 남을 설득시키려고 말로 가르치는 것.

나쁜 습관은 빨리 고쳐야 해.

생각을 열어 봐

생각열기

나에겐 이런 습관이 있어

다음 그림을 보고 물음에 답해 보세요.

1 지연이와 정은이는 각각 어떤 습관을 가지고 있나요?

---

2 나에게도 나쁜 습관이 있나요? 다음 중 내가 가진 나쁜 습관에 표시하고, 또다른 습관이 있으면 써 보세요.

- [ ] 손톱을 자주 물어뜯어요.
- [ ] 나갔다가 집에 돌아왔을 때 손을 잘 안 씻어요.
- [ ] 음식을 골고루 먹지 않아요.
- [ ] 앉았을 때 다리를 떨어요.
- [ ] 연필이나 볼펜 끝을 씹어요.

또, ---

생각쑥쑥

이런 습관은 왜 고쳐야 해?

1 나쁜 습관을 가진 친구를 보았을 때 다른 친구들이 어떤 생각을 할지 빈칸에 써 보세요.

2 정훈이의 이야기를 듣고 나쁜 습관을 고칠 수 있도록 편지를 써 주세요.

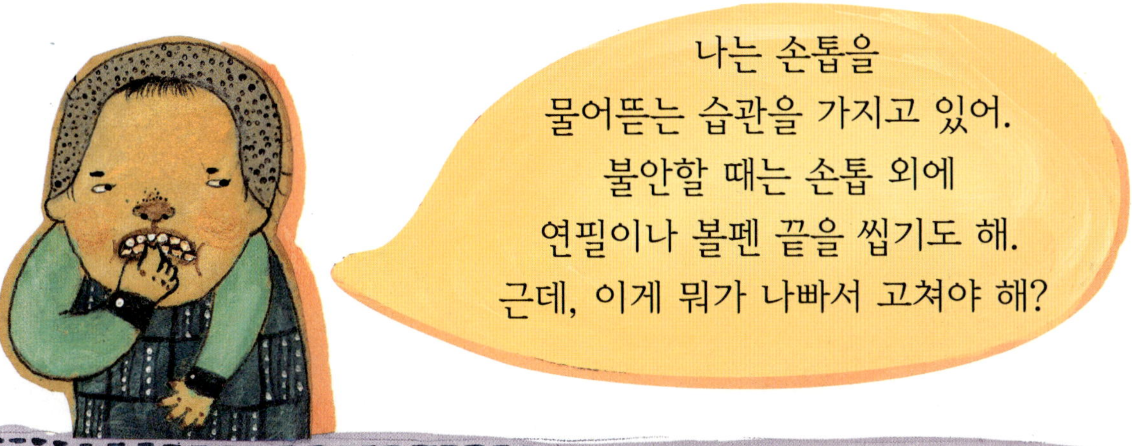
나는 손톱을
물어뜯는 습관을 가지고 있어.
불안할 때는 손톱 외에
연필이나 볼펜 끝을 씹기도 해.
근데, 이게 뭐가 나빠서 고쳐야 해?

정훈이에게

정훈아, 너의 습관은 꼭 고쳐야 할 것 같아.

왜냐하면, ____________________

____

____

____________ 가

어떻게 고칠까?

1 다음 대화를 보고, 내가 생각하는 습관 고치는 방법을 빈칸에 써 보세요.

다리 떠는 습관을 고쳐야 할 것 같은데, 어떻게 하면 고칠 수 있을까?
내게 좋은 방법이 있어!
덜덜 덜덜

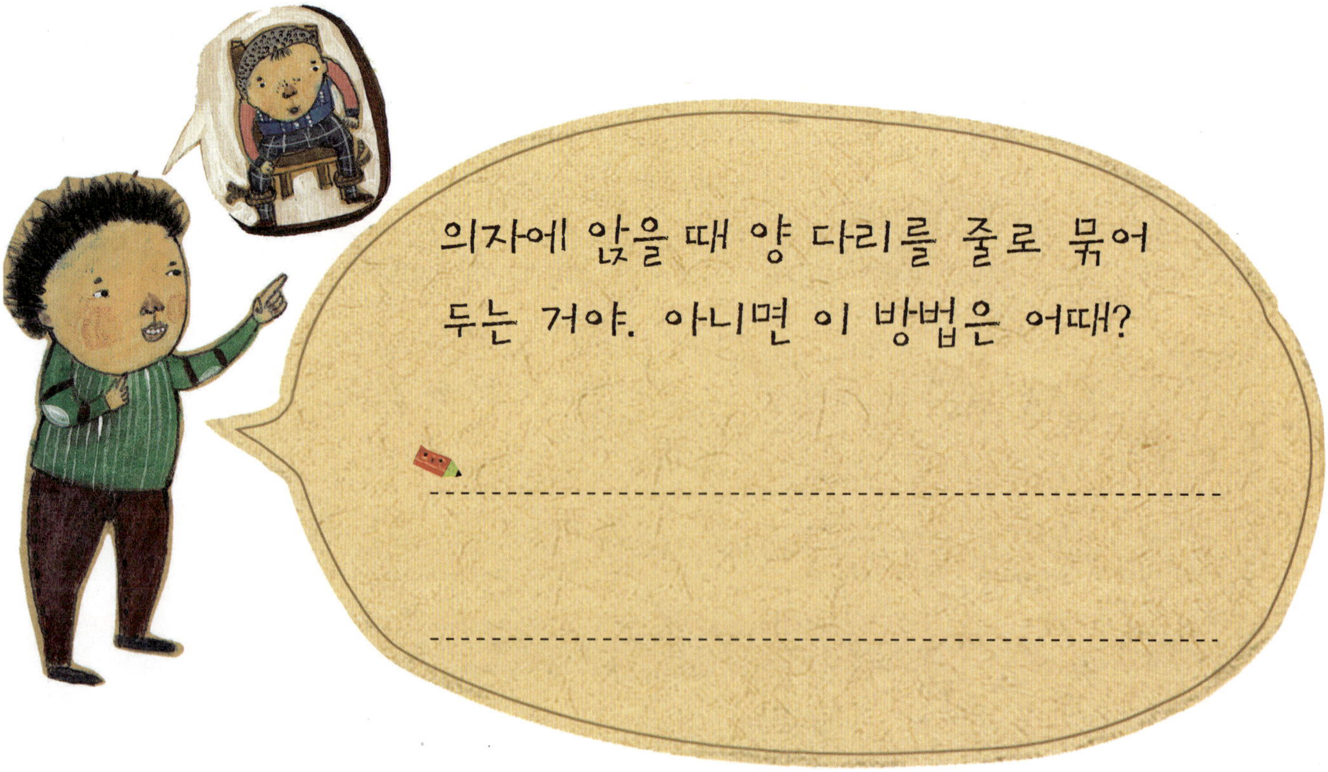
의자에 앉을 때 양 다리를 줄로 묶어 두는 거야. 아니면 이 방법은 어때?

2 다음 습관을 고칠 수 있는 방법을 생각해 써 보세요.

손톱을 물어뜯는 습관을 고치려면,

길에서 군것질하는 습관을 고치려면,

생각이 논술로

나쁜 습관을 고쳐요

지금까지의 내용을 바탕으로 나쁜 습관에 대한 내 생각을 정리해 보세요.

우리 주위에는 여러 가지 나쁜 습관을 가진 친구가 많아요.

예를 들어, 다리를 떠는 아이도 있고, 또 ______________________

____

등의 행동을 하는 친구도 있어요.

나쁜 습관은 꼭 고쳐야 합니다. 왜냐하면, __________

____

____

따라서 나쁜 습관은 빨리 고치는 것이 좋아요.

yes 논술

1B part 5

쓰레기를 분류 배출해야 해?

학습 목표

쓰레기를 분류 배출해서 버리는 이유를 생각해 보고,

그에 대한 자신의 생각을 써 봅니다.

생각열기 쓰레기통에 버렸는데…

생각쑥쑥 분류 배출, 안 하면 안 되나?

다른생각 재활용해야지

생각이 논술로 쓰레기, 분류 배출해서 버려요

영역 ▶ 환경과 생명 **주제** ▶ 쓰레기 분류 배출 **논술요소** ▶ 문제 인식, 비판적 사고, 근거 제시

1B

앨리스와
떠나는

part

5

신나는 논술 여행

✽ **분류** : 종류에 따라 나누는 것.

✽ **배출** : 필요 없는 물건을 밖으로 내보냄.

✽ **흥분** : 감정이 치밀어오르는 상태.

쓰레기를 분류 배출해서 버리자.

생각열기

쓰레기통에 버렸는데…

그림을 보고 물음에 답해 보세요.

1 환경 미화원 아저씨가 화를 낸 이유는 무엇일까요?

- ☐ 쓰레기가 많기 때문에
- ☐ 쓰레기를 버리고 도망갔기 때문에
- ☐ 쓰레기를 쓰레기통에 버리지 않았기 때문에
- ☐ 쓰레기를 구분해서 알맞은 곳에 버리지 않았기 때문에

2 각각의 쓰레기를 알맞은 쓰레기통에 버릴 수 있도록 줄로 이어 보세요.

생각쏙쏙

분류 배출, 안 하면 안 되나?

그림을 보고 물음에 답해 보세요.

알루미늄 캔을 그냥 버리면,

그냥 버려야지.

500년이 지났는데, 난 여전히 이 모양이야!

알루미늄 캔을 태우면,

분류 배출 안 해도 태우면 되겠지.

제대로 타지도 않고 연기 때문에 공기 오염만 되잖아.

알루미늄 캔을
재활용하면 환경도 보호하고
자원도 절약할 수 있어요.

✽ 재활용 : 다 쓰거나 버리게 된 물건을 다시 쓰거나 다시 쓸 수 있는 상태로 만드는 것.

1 쓰레기를 어떻게 버려야 할까요?

☐ 일반 쓰레기와 병, 캔, 종이를 분류해서 버려야 합니다.

☐ 분류할 필요 없이 쓰레기통에만 버리면 됩니다.

왜냐하면, ______________________________

____

다른생각

재활용해야지

다음 대화를 보고 물음에 답해 보세요.

1 다음 물건을 재활용하는 나만의 방법을 생각해 써 보세요.

유리병을 이렇게 다시 쓸거야.

나는 이렇게 재활용해야지.

생각이 논술로

쓰레기, 분류해서 버려요

지금까지의 내용을 바탕으로 쓰레기는 어떻게 버려야 하는지 써 보세요.

쓰레기는 보통 태우거나 땅에 묻어요.

그런데, 태우면 공기가 오염되고, 땅에 묻으면 썩는 데 많은 시간이 걸려요.

쓰레기를 분류 배출해서 버리면 ______________________

____

그러니까 불편하고 귀찮아도 쓰레기는 ______________

____

yes 논술

1B part 6

소가 된 게으름뱅이

학습 목표

〈소가 된 게으름뱅이〉를 읽고, 성실함에 대한 자신의 생각을 써 봅니다.

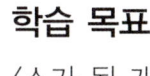

생각열기	게으름뱅이에게 어떤 일이?
생각쑥쑥	게으름뱅이의 생각이 옳을까?
다른생각	열심히 일을 하지 않으면…
생각이 논술로	〈소가 된 게으름뱅이〉를 읽고

영역 ▸ 삶의 가치와 윤리 **주제** ▸ 게으름 **논술요소** ▸ 사실적 사고, 근거 제시, 정확한 표현

1B

앨리스와 떠나는

part 6

신나는 논술 여행

와, 저기 소가 있다!
일어나, 체셔. 여기가 어디인지 알려 줘야지.
ZZZZ
아, 도착했군. 우리는 지금 동화책 속에 들어와 있어.
그럼, 이야기 속이란 말이야?
어떤 책 속이야? 저 사람은 어디서 본 것 같은데….
에헴, 그건 말이지~
어떤 이야기냐면… 에~ 그러니까~

아, 알았다.
소가 된 게으름뱅이잖아!
그래, 내가 말하려던 게 바로 그거라구.
음, 다시 사람이 되어서 정신을 차린 후의 모습이구나. 저렇게 열심히 일하는 것을 보니까.
어? 다시 사람이 된 거야? 언제? 어떻게?
앨리스, 책 읽는 게 숙제였는데, 다 안 읽은 거야?
제발 논술 공부 좀 열심히 해. 만날 게으름 부리면 너도 소가 될지 몰라.
저 총각이 언제 나 모르게 사람이 되었냐니까?
할 수 없군. 소가 된 게으름뱅이 이야기를 다시 떠올려 보자.
응!

게으름피우지 말자.

생각열기

게으름뱅이에게 어떤 일이?

1 동화의 내용을 생각해 보고, 게으름뱅이에게 일어난 일을 모두 찾아 표시해 보세요.

☐ 소가 된 게으름뱅이는 편안하게 쉬었어요.

☐ 게으름뱅이는 노인에게 얻은 탈을 쓰고 소가 되었어요.

☐ 게으름뱅이는 죽기 위해서 당근을 먹었어요.

☐ 다시 사람이 된 게으름뱅이는 부지런한 사람이 되었어요.

2 게으름뱅이가 소머리 탈을 쓴 이유는 무엇이었나요?

- ☐ 노인이 되려고
- ☐ 탈이 멋있어 보여서
- ☐ 다른 사람을 속이려고
- ☐ 소처럼 편하게 지낼 수 있다고 해서

3 소가 된 게으름뱅이는 행복했나요?

☐ 행복했어요. ☐ 행복하지 않았어요.

왜냐하면, ______________________________

____

생각쑥쑥

게으름뱅이의 생각이 옳을까?

1 게으름뱅이는 소처럼 한가하게 지내면 좋겠다고 생각했어요.
게으름뱅이가 잘못 생각한 점이 무엇인지 게으름뱅이에게 편지를 써 보세요.

나도 소처럼 지냈으면 좋겠어.
일을 안 하고 한가롭게 쉬어도 되고,
자고 싶을 때 자고,
먹고 싶을 때 먹으면 되잖아.
얼마나 좋을까~.

게으름뱅이에게

소처럼 한가하게 지내고 싶다고?

그런 생각을 하면 안 돼!

사실은 말이지, ------------------------------------

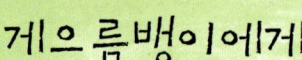

-------------------------가

2 잘못된 생각을 하고 있는 게으름뱅이에게 충고의 말을 써 보세요.

열심히 일을 하지 않으면…

그림 속의 사람들이 하는 일을 살펴보고, 각각의 사람들이 일을 하지 않으면 어떤 일이 생길지 써 보세요.

나는 환경미화원이에요. 내가 일을 하지 않으면, ________________

____

나는 의사예요. 내가 일을 하지 않으면, ________________

____

다음 대화를 보고 물음에 답해 보세요.

1 내가 엄마라면 정혁이에게 뭐라고 말해 줄 건가요?

〈소가 된 게으름뱅이〉를 읽고

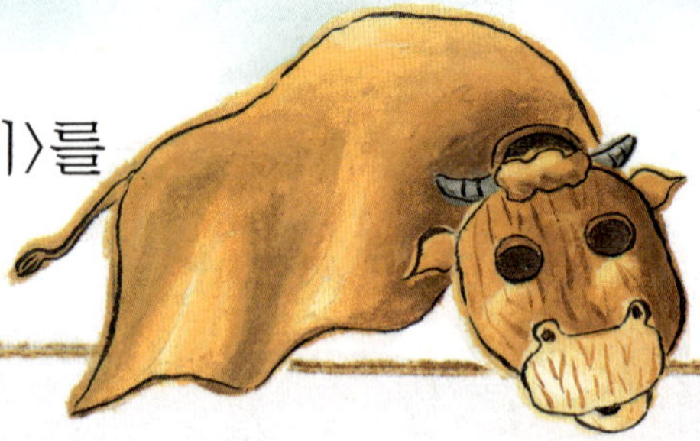

지금까지의 내용을 바탕으로 〈소가 된 게으름뱅이〉를 읽고 느낀 점을 써 보세요.

〈소가 된 게으름뱅이〉를 읽고

〈소가 된 게으름뱅이〉를 읽었다. 소를 보고 부러워하던

게으름뱅이는 ____________________

____

____

이 동화를 읽고 내가 느낀 점은,

____

____

어휘력테스트 I

1B

어휘력테스트 I

어휘력 문제

★ 평가 목적 : 우리말 어휘 능력 향상.
★ 평가 항목 : 낱말의 뜻과 쓰임, 바꾸어 쓸 수 있는 낱말

어휘력 테스트 Ⅰ

점수	부모님 확인

1 빈칸에 들어갈 '음식을 골고루 먹지 않음'을 가리키는 낱말은 무엇인가요? ············( )

왜 다 먹지 않고 ( )을(를) 하니?

① 편지 ② 편리 ③ 편식 ④ 편견

2 밑줄 친 낱말의 뜻은 무엇인가요? ············( )

생선을 안 먹으면 빈혈이 생겨.

① 대변이 쉽게 나오지 않는 증세.
② 좋은 것을 혼자서 차지함.
③ 배가 고픈 시간.
④ 피가 부족한 상태

3 밑줄 친 낱말과 바꾸어 쓸 수 있는 낱말은 무엇인가요? ············( )

양이 적어서 약간 부족한 느낌이 남았습니다.

① 아쉬움 ② 편안함 ③ 씩씩함 ④ 귀여움

4 주어진 설명에 알맞은 낱말은 무엇인가요? ············( )

폭이 좁은 고요하고 쓸쓸한 느낌의 길.

① 산기슭 ② 오솔길 ③ 산꼭대기 ④ 큰길

5 '자기보다 잘 되거나 나은 이를 공연히 미워하고 싫어함'을 뜻하는 낱말은 무엇인가요? ············( )

① 시선 ② 시샘 ③ 인정 ④ 배려

6 밑줄 친 낱말의 뜻은 무엇인가요? ············( )

투명할 정도로 맑고 깨끗한 연못

① 흐린 데가 없이 속까지 환히 비쳐 보임.
② 여러 모로 자상하게 마음을 씀.
③ 자기보다 잘 되거나 나은 이를 싫어함.
④ 말을 못할 만큼 놀랍다.

7 밑줄 친 낱말과 바꾸어 쓸 수 있는 낱말은 무엇인가요? ············( )

맛있는 먹이가 연못으로 떨어졌습니다.

① 미리 ② 먹을거리 ③ 실 ④ 나뭇잎

8 빈칸에 들어갈 '맛있어 보이는'을 가리키는 낱말은 무엇인가요? ············( )

보기에도 ( ) 먹이

① 믿음직스러운 ② 깜찍한
③ 먹음직스러운 ④ 깨끗한

9 주어진 설명에 알맞은 낱말은 무엇인가요? ············( )

혼자서 다 차지함.

① 독립 ② 독서 ③ 독차지 ④ 고약함

10 '입으로 느끼는 음식의 자극이나 맛.'을 뜻하는 낱말은 무엇인가요? ············( )

① 입맛 ② 입시 ③ 임시 ④ 입가

1B

국어능력인증시험

국어능력인증시험

국어능력인증시험문제

★ **평가 목적** : 우리말 실력을 향상시키기 위한 국어능력인증시험 대비.

★ **평가 항목** : 어휘, 문법

국어능력인증시험

점수	부모님 확인

1 반대말이 바르게 짝지어진 것을 찾아 번호를 써 보세요. ···(　　　)

① 넓다 – 많다　② 닮다 – 비슷하다
③ 높다 – 낮다　④ 길다 – 좁다

2 비슷한 말이 바르게 짝지어진 것을 찾아 번호를 써 보세요. ···(　　　)

① 빠지다 – 빠르다　② 날카롭다 – 뾰족하다
③ 시원하다 – 뜨겁다　④ 화나다 – 슬프다

[3~6] 보기 안의 낱말을 통틀어 무엇이라고 하는지 찾아 번호를 써 보세요.

3 보기: 귤, 망고, 사과, 오렌지

···(　　　)

① 의류　② 과일　③ 책　④ 동물

4 보기: 봄, 여름, 가을, 겨울

···(　　　)

① 동물　② 곤충　③ 계절　④ 인물

5 보기: 지우개, 자, 크레파스, 연필

···(　　　)

① 음료수　② 학용품　③ 신발　④ 가구

6 보기: 비둘기, 제비, 꾀꼬리, 카나리아

···(　　　)

① 운동화　② 종이　③ 물고기　④ 새

7 (　) 안에 들어갈 수 <u>없는</u> 말을 찾아 번호를 써 보세요. ···(　　　)

(　　　　　) 날아간다.

① 악어가　② 독수리가　③ 비행기가　④ 나비가

8 (　) 안에 들어갈 수 <u>없는</u> 말을 찾아 번호를 써 보세요. ···(　　　)

(　　　　　) 따뜻하다.

① 담요가　② 국이　③ 방이　④ 얼음이

[9~10] (　) 안에 알맞은 말을 찾아 번호를 써 보세요.

9 아저씨(　　　) 아기를 안았습니다.

···(　　　)

① 을　② 를　③ 이　④ 가

10 토끼가 당근(　　　) 먹습니다.

···(　　　)

① 을　② 를　③ 이　④ 가

1B

문법테스트

문법테스트

문법 문제

★ **평가 목적** : 우리말 문법 실력 향상.
★ **평가 항목** : 문장 만들기, 재미있게 꾸며 쓰기

문법테스트

점수	부모님 확인

1 빈칸에 알맞은 낱말을 찾아보세요. ······················( )

( )이(가) 뜬다.

① 별 ② 누나 ③ 자동차 ④ 달

2 빈칸에 알맞은 낱말을 찾아보세요. ······················( )

( )이(가) 달린다.

① 별 ② 꽃 ③ 자동차 ④ 달

3 빈칸에 알맞은 낱말을 찾아보세요. ······················( )

지연이가 ( )을(를) 부른다.

① 꽃 ② 달 ③ 노래 ④ 당근

[4~5] 보기 처럼 빈칸에 알맞은 도움말을 넣어 보세요

보기

저기(까지) 뛰어갑시다.

4 서울( ) 부산( ) 몇 시간 걸립니까?

5 영미( ) 경희는 수영을 합니다.

6 빈칸에 알맞은 낱말을 찾아보세요. ······················( )

여우는 납작한 ( )에 스프를 담아 두루미에게 주었어요.

① 쪽쪽 ② 접시 ③ 병 ④ 여우

7 빈칸에 알맞은 낱말을 찾아보세요. ······················( )

두루미는 미리 준비해 온 빨대를 이용해 스프를 ( ) 빨아먹었어요.

① 쪽쪽 ② 접시 ③ 병 ④ 여우

8 빈칸에 알맞은 낱말을 찾아보세요. ······················( )

두루미는 길쭉한 ( ) 속에 맛있는 고기를 담아 여우 앞에 놓았어요.

① 쪽쪽 ② 접시 ③ 병 ④ 여우

[9~10] 글을 읽고 내가 글의 주인공이라면 어떻게 할지 재미있게 꾸며 써 보세요.

9 나는 놀부야. 내 동생 흥부가 일은 안 하고 놀기만 해서 부지런한 사람이 되라고 내보낸 건데 다른 사람들에게는 내가 나쁜 형으로 보였나 봐.

10 나는 신데렐라야. 12시를 알리는 종이 치기 시작했어. 종이 다 치면 난 마법에서 풀려 다시 초라한 모습으로 돌아가는데, 어쩌지?

1B

어휘력테스트 Ⅱ

어휘력테스트 Ⅱ

어휘력 문제

★ 평가 목적 : 우리말 어휘 능력 향상.
★ 평가 항목 : 낱말의 뜻과 쓰임, 바꾸어 쓸 수 있는 낱말

어휘력 테스트 Ⅱ

점수	부모님 확인

1 빈칸에 들어갈 '남을 설득시키려고 말로 가르치는 것.'을 가리키는 낱말은 무엇인가요? ··························( )

오늘은 습관에 대해 (   )을(를) 할 것 같아.

① 배려 ② 설교 ③ 후회 ④ 고민

2 밑줄 친 낱말의 뜻은 무엇인가요? ··························( )

또 잔소리가 시작되었군.

① 듣기 싫게 늘어놓는 말.
② 편하지 않고 귀찮음.
③ 양보하지 않음.
④ 마음 편하게 해 주는 말.

3 '감정이 치밀어 오르는 상태.'를 가리키는 낱말은 무엇인가요? ··························( )

① 흥분 ② 활용 ③ 소중 ④ 살림

4 주어진 설명에 알맞은 낱말은 무엇인가요?··························( )

다 쓰거나 버리게 된 물건을 다시 쓰거나 다시 쓸 수 있는 상태로 만드는 것.

① 재활용 ② 수거 ③ 상식 ④ 분류

5 '종류에 따라 나누는 것.'을 뜻하는 낱말은 무엇인가요? ···( )

① 흥분 ② 변비 ③ 분류 ④ 배출

6 밑줄 친 낱말의 뜻은 무엇인가요? ··························( )

게으름뱅이의 귀가 솔깃해졌습니다.

① 커지다.
② 가려워지다.
③ 그럴듯하여 마음이 쏠리다.
④ 듣기 싫어서 다른 생각을 하다.

7 밑줄 친 낱말의 뜻은 무엇인가요? ··························( )

날마다 빈둥거리는 게으름뱅이가 살았습니다.

① 매일매일 책만 읽는
② 이것저것 많이 먹기만 하는
③ 놀지도 않고 일만 열심히 하는
④ 하는 일 없이 게으름만 부리는

8 빈칸에 들어갈 '발로 세게 차다.'를 가리키는 낱말은 무엇인가요? ··························( )

문을 (   ) 나갔습니다.

① 박차고 ② 당기고 ③ 받치고 ④ 끌고

9 주어진 설명에 알맞은 낱말은 무엇인가요?··························( )

느닷없이 당하는 일.

① 천둥 ② 땔감 ③ 후회 ④ 날벼락

10 '일이 그렇게 된 이유.'를 뜻하는 낱말은 무엇인가요?···( )

① 조정 ② 인정 ③ 사정 ④ 후회

앨리스와 떠나는 논술 여행

앨리스 호기심이 강하고 낙천적이며 화통한 성격이다. 언어에 재능이 있어 외국어를 익히는 능력이 탁월하다. 반대로 수나 계산에는 약하다. 공부를 그다지 좋아하지 않는다. 잠든 사이에 엄마가 논술호에 쪽지 한 장과 함께 버리고(?) 간 아픔이 있다. 잘난 척하는 토미와는 앙숙이지만, 가끔은 누나처럼 잘 대해 주기도 한다.

토미 공부벌레. 늘 책을 끼고 다닌다. 논술호에 동행하게 된 것도 앨리스와는 달리 본인이 선택한 것이다. 하지만 노력한 만큼 똑똑하다는 소리를 듣지는 못한다. 늘 앨리스에게 당하면서도 잘난 척을 멈추지 않는다.

체셔 논술호에서 먹고 사는 정체불명의 고양이. 대부분의 시간을 잠으로 보낸다. 시간과 공간을 초월하는 힘을 가지고 있어 앨리스와 토미를 논술의 세계로 이끈다.

제로 차장 논술호 승객들의 서비스를 책임지는 토끼. 늘 "바쁘다 바빠"라는 말을 입에 달고 살지만, 자신이 맡은 일에 대한 책임감이 뛰어나다. 가끔 엉뚱한 짓을 해서 사람들을 당황시키기도 한다.

어느 날, 잠에서 깨어난 앨리스는 낯선 열차에 누워 있는 자신을 발견한다. 객차 내에는 큰 안경을 쓰고 열심히 책을 보고 있는 토미라는 남자아이와, 몸을 둥글게 말아서 잠을 자고 있는 고양이 체셔, 그리고 바쁘다고 외치며 계속 객차 사이를 뛰어다니는 차장 제로가 있었다.

어리둥절한 앨리스에게 체셔가 엄마가 주셨다는 가방과 편지를 전한다. 편지에는 논술 공부 열심히 하고 오라는 당부의 말이 쓰여 있었다. 화가 난 앨리스가 기차에서 내리려고 하지만, 기차는 이미 출발한 뒤였다.

앨리스가 계속 화를 내며 앉아 있자, 토미는 공부하러 가는데 좋지 않냐는 말로 앨리스의 화를 더 돋운다. 하지만 이미 논술호는 다음 목적지에 가까워진 상태. 앨리스는 체념을 하고, 논술 여행에 동참한다.

논술호는 체셔의 능력으로 각각의 주제에 맞는 나라, 또는 도시로 여행을 떠난다. 이 여행은 동양과 서양을 아우를 뿐 아니라, 과거와 현재, 미래도 포함한다.

Yes 논술

보다 깊게 / 보다 정확히 / 자신의 생각을

어휘·문법·글쓰기

워크북

- 어휘력 팡팡
- 문법이 탄탄
- 글이 술술술
- 실력이 쑥쑥
- 점수가 풀쩍

1B

천재교육

Yes논술

보다 깊게 / 보다 정확히 / 자신의 생각을

yes 논술

어휘 · 문법 · 글쓰기

워크북

1B

어휘력 팡팡 ····· 2~9
문법이 탄탄1 - 문장 만들기 ····· 10~17
문법이 탄탄2 - 재미있게 내용 꾸며 쓰기 ····· 18~25
글이 술술술 ····· 26~27
실력이 쑥쑥 ····· 28~32

어휘력 팡팡

동물들이 글자가 적힌 풍선을 들고 있어요. 잘 보고 뜻이 통하는 문장이 되도록 빈 곳에 알맞은 글자를 써 보세요.

왼쪽 장소와 관련 있는 두 글자로 된 낱말을 써 보세요.

1 목욕탕 — 비누 | |

2 교실 — | |

3 놀이터 — | |

4 방 — | |

5 병원 — | |

어휘력 팡팡

끝말잇기를 하고 있어요. ☐ 안에 들어갈 낱말을 써 보세요.

1

공책

2

돼지

3

줄넘기

슈퍼에서 물건을 사 본 적이 있나요? 슈퍼에서 살 수 있는 여러 가지 물건의 이름을 써 보세요.

사탕			
		칫솔	
	건전지		

어휘력 팡팡

가운데 있는 낱말에 해당하는 낱말을 ◯ 안에 써 보세요.

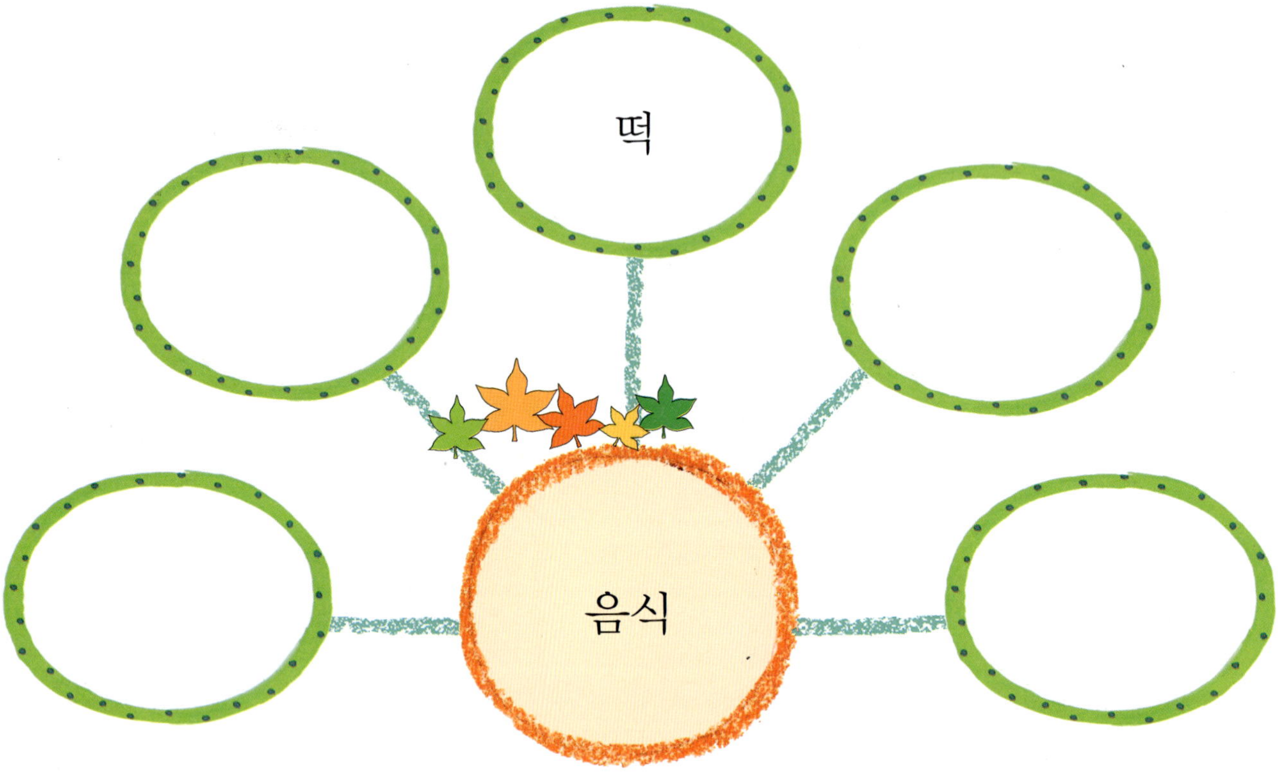

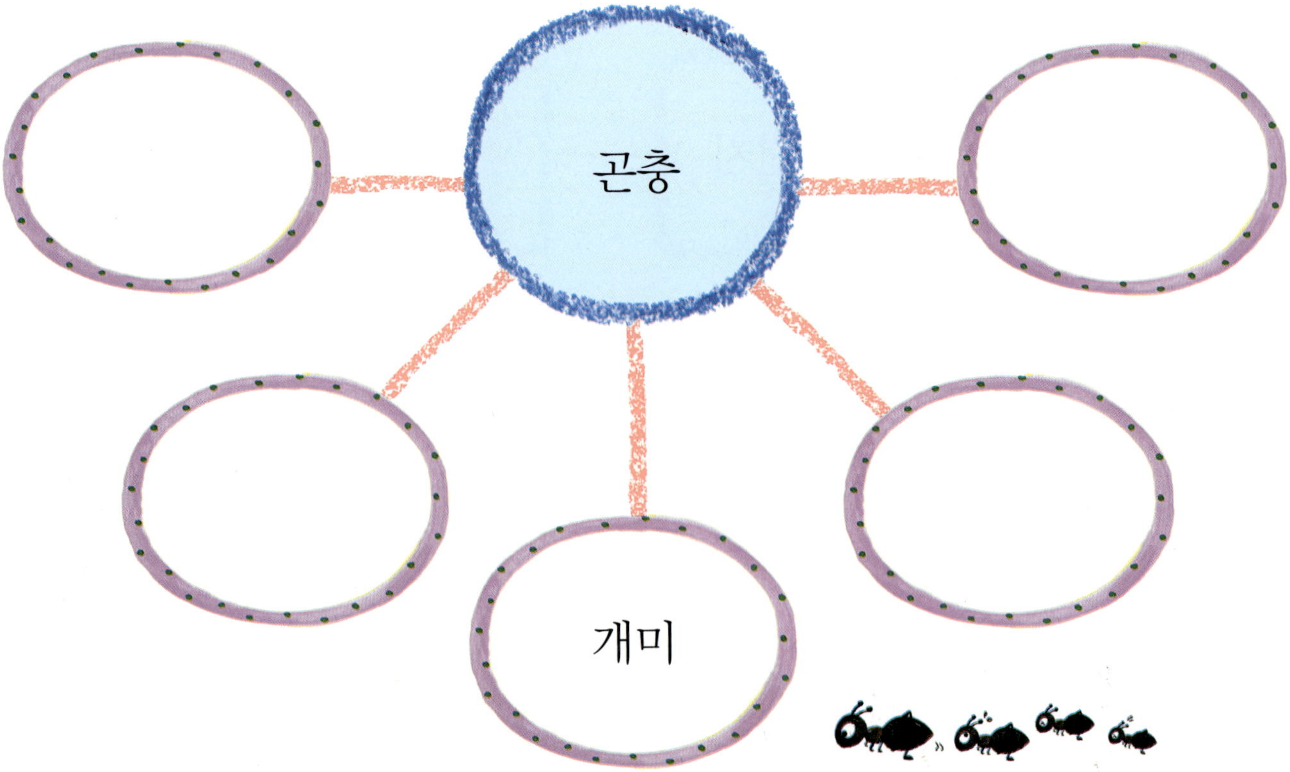

동물원에는 여러 동물들이 있어요. 내가 알고 있는 동물의 이름을 써 보세요.

호랑이

어휘력 팡팡

다음 낱말의 설명을 잘 읽고, 빈 곳에 들어갈 알맞은 낱말에 ○표 해 보세요.

* **투명** : 흐린 데가 없이 속까지 환히 비쳐 보임.
* **오솔길** : 폭이 좁은 고요하고 쓸쓸한 느낌의 길.
* **시샘** : 자기보다 잘 되거나 나은 이를 공연히 미워하고 싫어함.
* **먹음직스러운** : 맛있어 보이는.
* **먹이** : 먹을거리.
* **아쉬움** : 약간 부족한 느낌.

1 (　　　　　　　)한 연못을 바라보니 물고기가 보였다.

➔ 시샘, 　먹음직스러운, 　투명

2 놀부는 부자가 된 흥부를 (　　　　　　　)했다.

➔ 오솔길, 　시샘, 　아쉬움

3 식탁 위에는 (　　　　　　　) 빵이 간식으로 놓여져 있었다.

➔ 먹음직스러운, 　아쉬움, 　먹이

4 약수터 가는 길에는 예쁜 (　　　　　　　)이 있다.

➔ 투명, 　시샘, 　오솔길

낱말과 그 낱말의 설명을 찾아 줄로 이어 보세요.

* **빈둥거리다** : 하는 일이 없이 게으름만 부리다.
* **박차다** : 발로 세게 차다.
* **솔깃하다** : 그럴듯하여 마음이 쏠리다.
* **날벼락** : 느닷없이 당하는 일.
* **후회** : 이전의 잘못을 뉘우침.
* **사정** : 일이 그렇게 된 이유.

1	사정 •	• 그럴듯하여 마음이 쏠리다.
2	솔깃하다 •	• 일이 그렇게 된 이유.
3	후회 •	• 발로 세게 차다.
4	날벼락 •	• 이전의 잘못을 뉘우침.
5	박차다 •	• 느닷없이 당하는 일.

문법이 탄탄1

알맞은 낱말을 보기 에서 찾아 빈칸에 써 보세요.

보기	벌	누나	자동차	달

☐ 이 뜬다.

☐ 이 꽃에 앉았다.

☐ 가 책을 읽는다.

☐ 가 달린다.

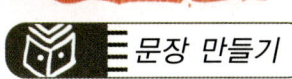

알맞은 낱말을 보기 에서 찾아 빈칸에 써 보세요.

보기	꽃	쥐	노래	당근

고양이가 [ ] 를 잡았다.

지연이가 [ ] 를 부른다.

동생이 [ ] 을 꺾었다.

토끼가 [ ] 을 먹는다.

문법이 탄탄 1

알맞은 말을 보기 에서 찾아 빈칸에 써 보세요.

보기	감는다	떨어진다	반짝인다	달린다

원숭이가 나무에서 ____________ .

타조가 ____________ .

머리를 ____________ .

밤하늘에 별이 ____________ .

둘 중 알맞은 도움말에 ◯ 해 보세요.

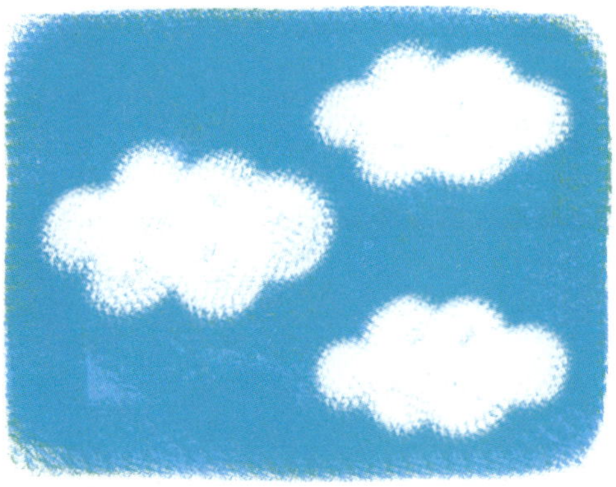

하늘 (이 / 를) 푸르다.

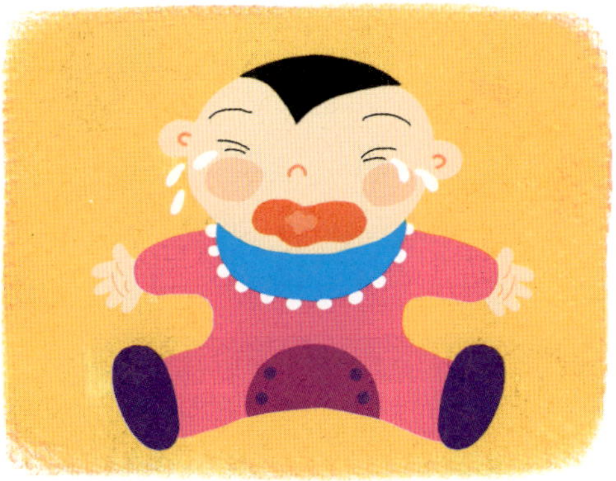

아기 (이 / 가) 운다.

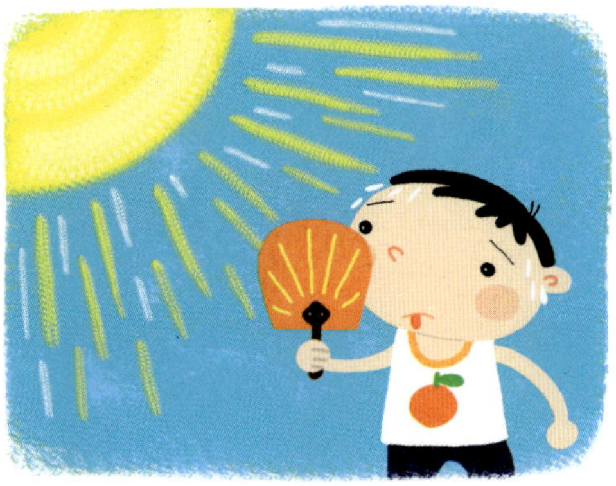

여름 (을 / 은) 덥다.

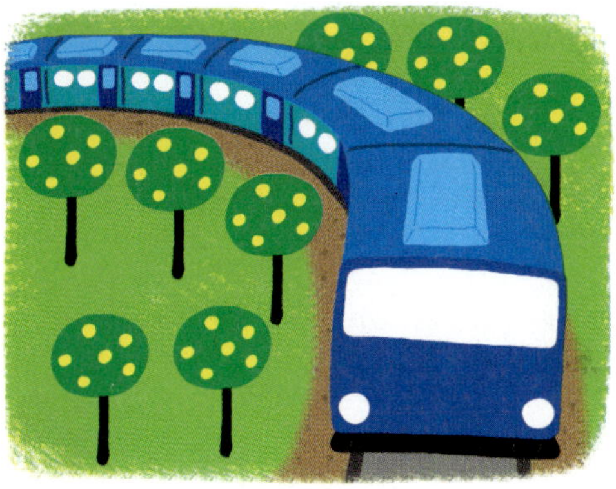

기차 (는 / 이) 길다.

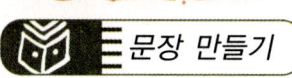

보기 처럼 빈칸에 알맞은 도움말을 넣어 보세요.

보기 준호 [는] 우유를 좋아합니다.

1. 꽃 [ ] 아름답습니다.

2. 기영이 [ ] 숙제를 합니다.

3. 강아지 [ ] 밥을 먹습니다.

4. 나 [ ] 학생입니다.

5. 삼촌 [ ] 가수입니다.

6. 하마가 헤엄 [ ] 칩니다.

7. 곰이 물고기 [ ] 먹습니다.

보기 처럼 빈칸에 알맞은 도움말을 넣어 보세요.

보기 저기 [까지] 뛰어갑시다.

1 7시 [ ] 텔레비전을 볼게요.

2 어디 [ ] 갈까요?

3 전화 [ ] 왔습니다.

4 서울 [ ] 부산 [ ] 몇 시간 걸립니까?

5 은정이 [ ] 내가 더 잘 합니다.

6 영미 [ ] 경희는 수영을 합니다.

7 호박꽃 [ ] 꽃입니다.

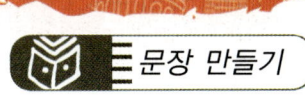

문법이 탄탄 1

여러 개의 낱말로 어떤 사실이나 생각, 느낌 등을 나타낸 것을 '문장'이라고 합니다. 다음 그림의 내용을 문장으로 써 보세요.

비가 옵니다.

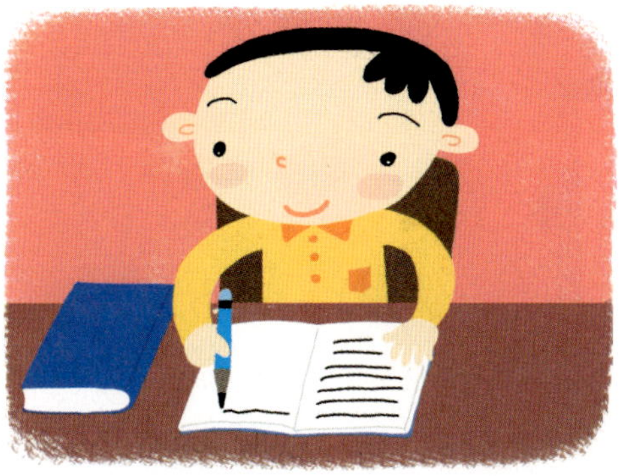

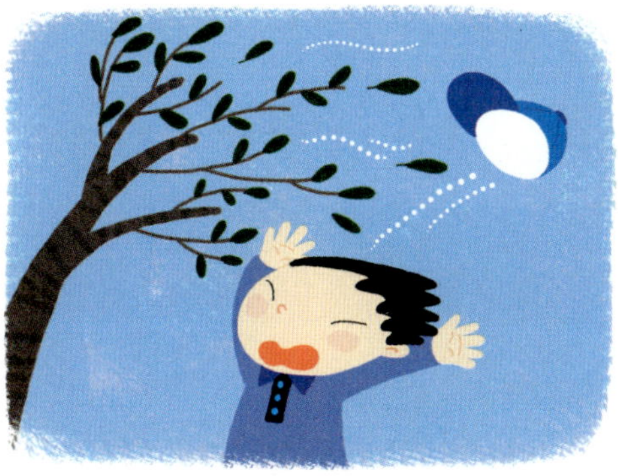

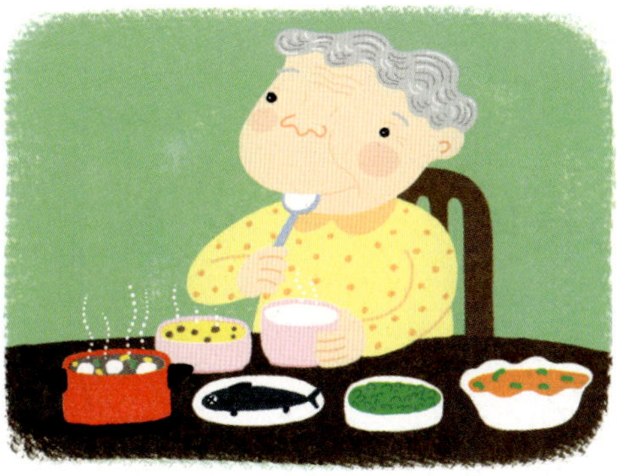

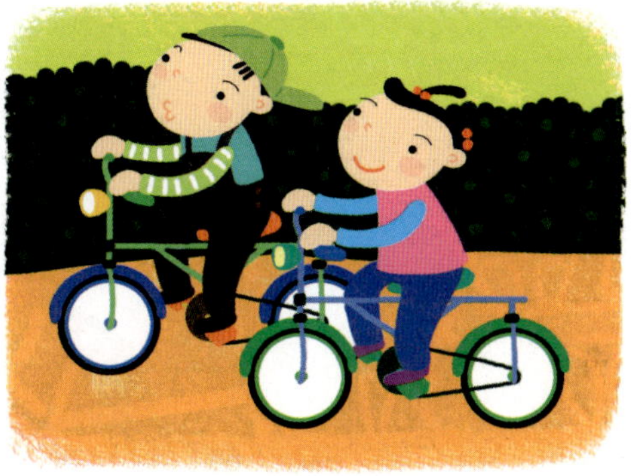

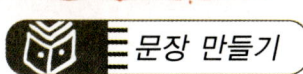

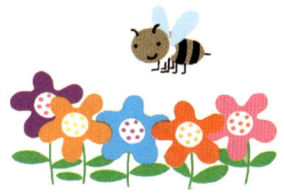

문법이 탄탄 2

그림을 보고, ☐ 안에 알맞은 낱말을 보기 에서 찾아 여우와 두루미 이야기를 꾸며 보세요.

여우가 저녁식사에 두루미를 초대했어요.

______ 는 납작한 ______ 에 스프를 담아 두루미에게 주었어요.

"흥, 이런다고 내가 못 먹을 줄 알고?"

______ 는 미리 준비해 온 ______ 를 이용하여 스프를 맛있게 ______ 빨아 먹었어요.

보기 여우 두루미 접시 쪽쪽 빨대

이번에는 두루미가 여우를 초대했어요.

[   ]는 길쭉한 [   ] 속에 맛있는 고기를 담아 여우 앞에 놓았어요.

"흥, 이런다고 내가 못 먹을 줄 알고?"

[   ]는 미리 준비해 온 길쭉한 [   ]을 이용하여 고기를 [   ] 꺼내 먹었어요.

보기 여우 두루미 젓가락 쏙쏙 병

문법이 탄탄 2

그림을 보고, [ ] 안에 알맞은 낱말을 보기 에서 찾아 개미와 베짱이 이야기를 꾸며 보세요.

몹시 [ ] 여름날 개미는 땀을 뻘뻘 [ ] 일을 하고 있었어요.

그런데 [ ] 는 [ ] 나무 그늘 아래에서 노래만 [ ] . 개미가 베짱이에게 말했어요.

"네 노래에 맞춰 힘을 낼 수 있게, 좀더 [ ] 노래를 불러 주렴."

보기 신 나게 베짱이 시원한 흘리며 불렀어요 더운

______ 겨울이 왔어요. 온 세상이 ______ 눈으로 덮이자 개미는 ______ 에서 꼼짝도 할 수가 없었어요.

그 때 베짱이가 찾아 왔어요.

"춥고 ______ 고파……. 나 좀 ______ 안 될까?"

개미는 베짱이의 손을 잡고 말했어요.

"잘 왔어. 봄이 올 때까지 우리 같이 ______."

보기 들어가면 살자 배 하얀 집 추운

글을 읽고 다음에 이어질 문장을 재미있게 꾸며 써 보세요.

친구들과 함께 교실에서 책을 읽고 있을 때였어요. 조용하던 교실 어디선가 방귀 소리가 '뽀옹~'. 이런, 친구들이 나를 보잖아?

정글에서 길을 잃었어요. 배는 고프고 기운은 없는데 저 멀리 흰 연기가 보여요. 숲을 가로질러 그 곳에 도착해 보니,

길을 걸어가다가 외국인과 마주쳤어요.
"Excuse me!(익스큐즈 미. 실례합니다!)"
앗, 외국인이 나에게 말을 걸어요. 뭐라고 하는 걸까? 어쩌지?

우리 집 강아지 몽몽이와 공놀이를 했어요.
내가 던진 공을 찾으러 몽몽이가 달려갔는데 갑자기 "깨갱!" 하는 소리가 들렸어요.
무슨 일이 생겼나 걱정돼서 얼른 달려가 보았더니,

동화 속 주인공들이 나와서 이야기를 하고 있어요. 여러분이 주인공들이라면 어떻게 할지 잘 생각해 보고, 빈 곳에 써 보세요.

나는 신데렐라야.
파티에서 왕자님과 춤을 추고 있는데
밤 12시를 알리는 종이 치기 시작했어.
종이 다 치면 난 마법에서 풀려 다시 초라한 모습으로 돌아가는데, 어쩌지?

내가 신데렐라라면, ______________________

____

나는 피노키오야.
못된 고양이와 여우의 꼬임에 빠져
자꾸만 거짓말을 했지 뭐니.
제페토 할아버지의 말씀을 잘 들었다면
나쁜 친구들에게 속지 않았을 텐데…….

내가 피노키오라면, ______________________

____

나는 놀부야.
내 동생 흥부가 일은 안하고 놀기만 해서
부지런한 사람이 되라고 내보낸 건데,
다른 사람들에게는 내가 나쁜 형으로
보였나 봐.

내가 놀부라면, ______________________

____

나는 청개구리야.
평소에 엄마를 너무 속상하게 해서
엄마의 소원대로 냇가에 엄마를 묻었지.
그런데 비만 오면 물이 넘쳐 무덤이
떠내려갈까 봐 걱정이 돼.

내가 청개구리라면, ______________________

____

글이 술술술

생각달팽이가 '여름'에 대해서 생각하고 있어요. 생각달팽이의 나선을 따라 생각을 이어나가 보세요.

생각달팽이로 생각한 내용을 글로 써 보세요.

제목 : 여름

여름은

여름에는

여름에는

실력이 쑥쑥 국어능력인증시험

1 '사'로 시작하는 낱말을 세 가지만 써 보세요.

사과

2 '사'로 끝나는 낱말을 세 가지만 써 보세요.

의사

3 '지'로 시작하는 낱말을 세 가지만 써 보세요.

지도

4 '지'로 끝나는 낱말을 세 가지만 써 보세요.

가지

□□□□ 안의 낱말을 통틀어 무엇이라고 하는지 써 보세요. (5~8번)

5

사과	오렌지	귤	망고

➡ ____________________

6

자	연필	지우개	크레파스

➡ ____________________

7

봄	여름	가을	겨울

➡ ____________________

8

비둘기	제비	꾀꼬리	카나리아

➡ ____________________

반대말이 바르게 짝지어진 것을 찾아 번호를 써 보세요. (9~10번)

9 ① 닮다 – 비슷하다 ………………………………………… (　　　)
② 넓다 – 많다
③ 길다 – 좁다
④ 높다 – 낮다

10 ① 가다 – 오다 ………………………………………… (　　　)
② 밀다 – 멀다
③ 내리다 – 깊다
④ 웃다 – 미소짓다

비슷한 말이 바르게 짝지어진 것을 찾아 번호를 써 보세요. (11~12번)

11 ① 크다 – 많다 ………………………………………… (　　　)
② 기쁘다 – 즐겁다
③ 달다 – 짜다
④ 당기다 – 밀다

12 ① 화나다 – 슬프다 ………………………………………… (　　　)
② 시원하다 – 뜨겁다
③ 날카롭다 – 뾰족하다
④ 빠지다 – 빠르다

☐ 안에 들어갈 수 없는 말을 찾아 번호를 써 보세요. (13~16번)

13 ☐ 날아간다. ………………… (　　)

① 악어가　② 비행기가　③ 독수리가　④ 나비가

14 ☐ 달다. ………………………… (　　)

① 사탕이　② 초콜릿이　③ 엿이　④ 고춧가루가

15 ☐ 깨진다. …………………… (　　)

① 접시는　② 고무줄은　③ 꽃병은　④ 유리창은

16 ☐ 따뜻하다. ……………… (　　)

① 난로가　② 얼음이　③ 국이　④ 방이

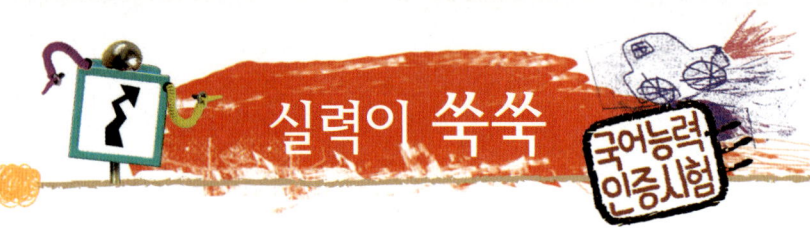

( )에 알맞은 말을 보기 에서 찾아 □ 안에 써 보세요. (17~20번)

보기 을 를 이 가

17 토끼가 당근( ) 먹습니다. □

18 영이가 부채( ) 들었습니다. □

19 아저씨( ) 아기를 안았습니다. □

20 밤( ) 맛있습니다. □

보다 깊게 / 보다 정확히 / 자신의 생각을

Yes 논술

Yes논술은
논리적 종합적 사고를
바탕으로 한
바칼로레아식 접근법을 통하여,
논술 교육의 새로운 패러다임을
제시합니다.

테마토론논술

독서토론논술 + 리딩북

어휘·문법·글쓰기

원고지 쓰기

Yes논술

보다 깊게 / 보다 정확히 / 자신의 생각을

주의
책 모서리에 다칠 수 있으니 주의하시기 바랍니다.
부주의로 인한 사고의 경우 책임지지 않습니다.

학원 학년 이름

보다 깊게 / 보다 정확히 / 자신의 생각을

Yes 논술